OTFRIED PREUSSLER

Die kleine Hexe

Mit Bildern
von Winnie Gebhardt

THIENEMANN

Ausgezeichnet durch die Aufnahme in die Auswahlliste

DEUTSCHER JUGENDBUCHPREIS

Preußler, Otfried:
Die kleine Hexe
ISBN 978 3 522 10580 4

Gesamtausstattung: Winnie Gebhardt
Satz: KCS GmbH in Buchholz/Hamburg
Druck und Bindung: GGP Media GmbH, Pößneck
Klischees: Hugo Krämer · Umschlagreproduktion: immedia 23, Stuttgart
© 1957 Thienemann in der Thienemann-Esslinger Verlag GmbH, Stuttgart
Printed in Germany. Alle Rechte vorbehalten
84. Auflage 2020

www.thienemann.de
www.preussler.de

Die kleine Hexe hat Ärger

Es war einmal eine kleine Hexe, die war erst einhundertsiebenundzwanzig Jahre alt, und das ist ja für eine Hexe noch gar kein Alter.

Sie wohnte in einem Hexenhaus, das stand einsam im tiefen Wald. Weil es nur einer kleinen Hexe gehörte, war auch das Hexenhaus nicht besonders groß. Der kleinen Hexe genügte es aber, sie hätte sich gar kein schöneres Hexenhaus wünschen können. Es hatte ein wundervoll windschiefes Dach, einen krummen Schornstein und klapprige Fensterläden. Hinten hinaus war ein Backofen angebaut. Der durfte nun einmal nicht fehlen. Ein Hexenhaus ohne Backofen wäre kein richtiges Hexenhaus.

Die kleine Hexe besaß einen Raben, der sprechen konnte. Das war der Rabe Abraxas. Er konnte nicht nur „Guten Morgen!" und „Guten Abend!" krächzen wie ein gewöhnlicher Rabe, der sprechen gelernt hat, sondern auch alles andere. Die kleine Hexe hielt große Stücke auf ihn, weil er ein ausnehmend weiser Rabe war, der ihr in allen Dingen die Meinung sagte und nie ein Blatt vor den Schnabel nahm.

Etwa sechs Stunden am Tag verbrachte die kleine Hexe damit, sich im Hexen zu üben. Das Hexen ist keine einfache Sache. Wer es im Hexen zu etwas bringen will, darf nicht faul sein. Er muss zuerst alle kleineren Hexenkunststücke lernen – und später die großen. Seite für Seite muss er das Hexenbuch durchstudieren und keine einzige Aufgabe darf er dabei überspringen.

Die kleine Hexe war erst auf Seite zweihundertdreizehn des Hexenbuches. Sie übte gerade das Regenmachen. Sie saß auf der Bank vor dem Backofen, hatte das Hexenbuch auf den Knien liegen und hexte. Der Rabe Abraxas saß neben ihr und war unzufrieden.

„Du sollst einen Regen machen", krächzte er vorwurfsvoll, „und was hext du? Beim ersten Mal lässt

du es weiße Mäuse regnen, beim zweiten Mal Frösche, beim dritten Mal Tannenzapfen! Ich bin ja gespannt, ob du wenigstens jetzt einen richtigen Regen zustande bringst!"

Da versuchte die kleine Hexe zum vierten Mal, einen Regen zu machen. Sie ließ eine Wolke am Himmel aufsteigen, winkte sie näher und rief, als die Wolke genau über ihnen stand: „Regne!"

Die Wolke riss auf und es regnete – Buttermilch.

„Buttermilch!", kreischte Abraxas. „Mir scheint, du bist vollständig übergeschnappt! Was willst du denn noch alles regnen lassen? Wäscheklammern vielleicht? Oder Schusternägel? Wenn es doch wenigstens Brotkrümel oder Rosinen wären!"

„Ich muss mich beim Hexen versprochen haben", sagte die kleine Hexe. Früher war ihr auch schon dann und wann etwas danebengegangen. Aber gleich viermal hintereinander?

„Versprochen haben!", krächzte der Rabe Abraxas. „Ich werde dir sagen, woran es liegt. Zerstreut bist du! Wenn man beim Hexen an alles mögliche andere denkt, muss man sich ja verhexen! Du solltest eben ein bisschen mehr bei der Sache sein!"

„Findest du?", meinte die kleine Hexe. Dann klappte sie plötzlich das Hexenbuch zu. „Du hast recht!", rief sie zornig. „Es stimmt, dass ich nicht bei der Sache bin. Und warum nicht?" Sie blitzte den Raben an. „Weil ich Wut habe!"

„Wut?", wiederholte der Rabe Abraxas. „Auf wen denn?"

6

„Es ärgert mich", sagte die kleine Hexe, „dass heute Walpurgisnacht ist. Heute treffen sich alle Hexen zum Tanz auf dem Blocksberg."

„Na – und?"

„Und ich bin noch zu klein für den Hexentanz, sagen die großen Hexen. Sie wollen nicht, dass ich auch auf den Blocksberg reite und mittanze!"

Der Rabe versuchte die kleine Hexe zu trösten und sagte: „Sieh mal – mit einhundertsiebenundzwanzig Jahren kannst du noch nicht verlangen, dass dich die großen Hexen für voll nehmen. Wenn du erst älter bist, wird sich das alles geben."

„Ach was!", rief die kleine Hexe. „Ich will aber diesmal schon mit dabei sein! Verstehst du mich?"

„Was man nicht haben kann, soll man sich aus dem Kopf schlagen", krächzte der Rabe. „Ändert sich etwas daran, wenn du zornig bist? Nimm doch Vernunft an! Was willst du denn machen?"

Da sagte die kleine Hexe: „Ich weiß, was ich mache. Ich reite heut Nacht auf den Blocksberg!"

Der Rabe erschrak.

„Auf den Blocksberg?! – Das haben dir doch die großen Hexen verboten! Sie wollen beim Hexentanz unter sich sein."

„Pah!", rief die kleine Hexe. „Verboten ist vieles. Aber wenn man sich nicht erwischen lässt …"

„Sie erwischen dich!", prophezeite der Rabe.

„Ach, Unsinn!", erwiderte sie. „Ich geselle mich erst zu den anderen Hexen, wenn sie schon mitten im Tanz sind – und ehe sie Schluss machen, reite ich wieder heim. In dem Trubel, der heute Nacht auf dem Blocksberg herrscht, wird das nicht weiter auffallen."

Heia, Walpurgisnacht!

Die kleine Hexe ließ sich vom Raben Abraxas nicht Bange machen, sie ritt in der Nacht auf den Blocksberg.

Dort waren die großen Hexen schon alle versammelt. Sie tanzten mit fliegenden Haaren und flatternden Röcken rund um das Hexenfeuer. Es mochten wohl, alles in allem, fünf oder sechshundert Hexen sein: Berghexen, Waldhexen, Sumpfhexen, Nebelhexen und Wetterhexen, Windhexen, Knusperhexen und Kräuterhexen. Sie wirbelten wild durcheinander und schwangen die Besen.

„Walpurgisnacht!", sangen die Hexen, „heia, Walpurgisnacht!" Zwischendurch meckerten, krähten und kreischten sie, ließen es donnern und schleuderten Blitze.

Die kleine Hexe mischte sich unbemerkt unter die Tanzenden. „Heia, Walpurgisnacht!", sang sie aus voller Kehle. Sie wirbelte mit um das Hexenfeuer und dachte sich: Wenn mich Abraxas jetzt sehen könnte, würde er Augen machen wie eine Waldeule!

Sicherlich wäre auch weiterhin alles gut gegangen – nur hätte die kleine Hexe nicht ihrer Tante, der Wetterhexe Rumpumpel, über den Weg tanzen dürfen! Die Muhme Rumpumpel verstand keinen Spaß, sie war eingebildet und böse.

„Sieh da!", rief sie, als ihr die kleine Hexe im Trubel begegnete, „welch eine Überraschung! Was suchst du hier? Antworte! Weißt du nicht, dass es für junge Dinger verboten ist, heute Nacht auf den Blocksberg zu kommen?"

„Verrat mich nicht!", bat die kleine Hexe erschrocken.

Die Muhme Rumpumpel erwiderte: „Nichts da! Du freches Stück musst bestraft werden!"

Neugierig kamen die anderen Hexen herzu und umringten die beiden. Die Wetterhexe berichtete zornig; dann fragte sie, was mit der kleinen Hexe geschehen solle.

Da riefen die Nebelhexen: „Sie soll es büßen!"

Die Berghexen kreischten: „Zur Oberhexe mit ihr! Auf der Stelle zur Oberhexe!"

„Jawohl!", schrien alle Hexen, „packt sie und schafft sie zur Oberhexe!"

Der kleinen Hexe half weder Bitten noch Betteln. Die Muhme Rumpumpel nahm sie beim Kragen und schleifte sie vor die Oberhexe. Die hockte auf einem Thron, der aus Ofengabeln errichtet war. Stirnrunzelnd hörte sie der Wetterhexe zu. Dann donnerte sie die kleine Hexe an: „Du wagst es, in dieser Nacht auf den Blocksberg zu reiten, obwohl es für Hexen in deinem Alter verboten ist? Wie kommst du auf diesen verrückten Gedanken?"

Angstschlotternd sagte die kleine Hexe: „Ich weiß nicht. Ich hatte auf einmal so große Lust dazu – und da bin ich halt auf den Besen gestiegen und hergeritten ..."

„Dann wirst du gefälligst auch wieder nach Hause reiten!", befahl ihr die Oberhexe. „Verschwind hier, und zwar schleunigst! Sonst müsste ich böse werden!"

Da merkte die kleine Hexe, dass mit der Oberhexe zu reden war. „Darf ich dann wenigstens nächstes Jahr mittanzen?", fragte sie.

„Hm ...", überlegte die Oberhexe. „Das kann ich dir heute noch nicht versprechen. Wenn du bis dahin schon eine gute Hexe geworden bist, dann vielleicht. Ich werde am Tag vor der nächsten Walpurgisnacht

einen Hexenrat einberufen, dann will ich dich prüfen. Die Prüfung wird aber nicht leicht sein."

12

„Ich danke dir!", sagte die kleine Hexe, „ich danke dir!" Sie versprach, bis zum nächsten Jahr eine gute Hexe zu werden. Dann schwang sie sich auf den Besen und wollte nach Hause reiten.

Da aber sagte die Wetterhexe Rumpumpel zur Oberhexe: „Willst du das kleine, freche Ding nicht bestrafen?"

„Bestraf es!", hetzten die anderen Wetterhexen.

„Bestraf es!", riefen auch alle übrigen. „Ordnung muss sein! Wer zum Hexentanz reitet, obwohl es ihm nicht erlaubt ist, der muss einen Denkzettel kriegen!"

„Wir könnten die freche Kröte zur Strafe ein bisschen ins Feuer werfen", meinte die Muhme Rumpumpel.

„Wie wäre es", riet eine Knusperhexe, „wenn wir sie einige Wochen lang einsperren würden? Ich habe daheim einen Gänsestall, der steht leer ..."

Eine Sumpfhexe sagte: „Da wüsste ich etwas Besseres! Gebt sie mir und ich stecke sie bis an den Hals in ein Schlammloch!"

„Nein", widersprachen die Kräuterhexen, „wir sollten ihr ordentlich das Gesicht zerkratzen!"

„Das außerdem!", fauchten die Windhexen. „Aber sie muss auch gehörig Schläge bekommen!"

„Mit Weidenruten!", zischten die Berghexen.

„Nehmt doch den Besen dazu!", riet die Muhme Rumpumpel.

Der kleinen Hexe wurde es angst und bange. Das konnte ja gut werden!

„Aufgepasst!", sagte die Oberhexe, als alle anderen Hexen gesprochen hatten. „Wenn ihr verlangt, dass die kleine Hexe bestraft werden soll ..."

„Wir verlangen es!", lärmten die Hexen im Chor und am lautesten lärmte die Muhme Rumpumpel.

14

„… dann schlage ich vor", rief die Oberhexe, „dass wir ihr einfach den Besen wegnehmen und sie zu Fuß auf den Heimweg schicken! Drei Tage und Nächte lang wird sie zu laufen haben, bis sie in ihren Wald kommt – das reicht."

„Das reicht nicht!", schrie die Wetterhexe Rumpumpel; aber die anderen meinten, das könne man hingehen lassen. Sie nahmen der kleinen Hexe den Besen weg, warfen ihn lachend ins Feuer und wünschten ihr eine gute Reise.

Rachepläne

Das wurde ein langer, beschwerlicher Heimweg! Drei Tage und drei Nächte brauchte die kleine Hexe dazu. Mit wunden Füßen und durchgelaufenen Schuhsohlen kam sie am Morgen des vierten Tages zu Hause an.

„Dass du nur endlich zurück bist!", empfing sie der Rabe Abraxas. Er saß auf dem Schornstein des Hexenhauses und hatte besorgt nach ihr Ausschau gehalten. Als er die kleine Hexe erspäht hatte, fiel ihm ein Stein von der Rabenseele. Er spreizte die Flügel und flatterte ihr entgegen.

„Du machst mir ja schöne Geschichten!", krakeelte er. „Tagelang treibst du dich in der Welt herum und ich sitze daheim und bin ratlos!" Er hüpfte von einem Bein auf das andere. „Wie du nur aussiehst! Von oben bis unten voll Staub! Warum humpelst du übrigens? Bist du zu Fuß gekommen? Ich dachte, du hättest den Besen mit!"

„Hatte ich", seufzte die kleine Hexe.

„Hatte ich?", krächzte Abraxas. „Was heißt das?"

„Das heißt, dass er futsch ist."

„Der Besen ...?"

„... ist futsch", wiederholte die kleine Hexe.

Nun ging dem Raben ein Licht auf. Er legte den Kopf schief und meinte: „Sie haben dich also erwischt? Das war ja vorauszusehen. Es hätte mich sehr gewundert, wenn sie dich nicht erwischt hätten! Aber du hast's ja nicht anders verdient."

Der kleinen Hexe war alles einerlei. Schlafen!, dachte sie, schlafen! Sie humpelte in die Kammer und ließ sich aufs Bett fallen.

„He!", rief Abraxas entrüstet. „Willst du nicht wenigstens deine staubigen Kleider ausziehen?"

Aber sie schnarchte schon.

Wie ein Murmeltier schlief sie, bis weit in den anderen Morgen hinein. Als sie aufwachte, hockte Abraxas auf ihrem Bettpfosten.

„Ausgeschlafen?"

„So ziemlich", sagte die kleine Hexe und gähnte.

„Dann wird man wohl endlich erfahren dürfen, was los war?"

„Erst frühstücken!", brummte die kleine Hexe. „Mit leerem Magen erzählen, das ist nichts."

Sie frühstückte reichlich und ausdauernd. Als sie beim besten Willen nicht weiterkonnte, schob sie den Teller fort und berichtete.

„Da hast du bei allem Leichtsinn noch Glück gehabt!", sagte der Rabe zum Schluss. „Nun vergiss aber nicht, bis zum nächsten Jahr eine gute Hexe zu werden!"

„Ich werde mir Mühe geben", versprach sie. „Von nun an will ich nicht sechs, sondern sieben Stunden am Tag üben. Und außerdem werde ich noch etwas anderes tun – etwas ebenso Wichtiges …"

„Was denn?"

Die kleine Hexe verzog das Gesicht. Sie schaute sehr grimmig drein. Dann erklärte sie, Silbe für Silbe betonend: „Ich – werde – mich – rächen!"

„An wem?"

„An der Muhme Rumpumpel! Das Biest ist doch schuld an der ganzen Geschichte! Sie hat mich den anderen Hexen verraten, nur sie! Ihr verdanke ich's auch, dass ich wunde Füße und durchgelaufene Schuhsohlen habe! Wer hat denn die anderen gegen mich aufgehetzt? Wer hat als Allererste gefordert, dass mich die Oberhexe bestrafen soll? Nicht einmal das mit dem Besen hat ihr genügt. Sie hat immer noch weitergezetert."

„Gewiss", meinte der Rabe, „das war eine ausgemachte Gemeinheit von ihr. Aber Rache nehmen …?"

„Ich werde ihr einen Schweinsrüssel anhexen!", zischte die kleine Hexe. „Und Eselsohren und Kälberfüße! Unter das Kinn einen Ziegenbart – und als Anhängsel hintendran einen Kuhschwanz!"

„Kuhschwanz und Ziegenbart?", dämpfte Abraxas. „Als ob du die alte Rumpumpel mit so etwas ärgern könntest! Sie ist eine Hexe wie du – und sie wird sich im Handumdrehen das Zeug wieder weghexen."

„Meinst du?" – Die kleine Hexe sah ein, dass mit Eselsohren und Kälberfüßen in diesem Fall nichts zu machen war, und entgegnete: „Lass mal! Mir wird schon noch etwas Besseres einfallen! Etwas, womit auch die Muhme Rumpumpel nicht ohne Weiteres fertig wird. Glaubst du das?"

19

„Möglich", versetzte Abraxas. „Ich fürchte nur, dass du es bitter bereuen wirst, wenn du der Wetterhexe Rumpumpel was Böses antust ..."

„Wie das?", rief die kleine Hexe verwundert.

„Weil du der Oberhexe versprochen hast, eine gute Hexe zu werden. Und gute Hexen dürfen nichts Böses anrichten, meine ich. Lass dir das mal durch den Kopf gehen!"

Unsicher blickte die kleine Hexe den Raben an. „Ist das dein Ernst?"

„Allerdings", betonte Abraxas. „Ich würde an deiner Stelle darüber nachdenken."

Führen Sie Besen?

Was tut eine kleine Hexe, die wund gelaufene Füße hat? Sie braut eine Salbe aus Kröteneiern und Mäusedreck, rührt eine Handvoll gemahlene Fledermauszähne darunter und lässt sie am offenen Feuer gar kochen. Wenn sie die wunden Stellen mit dieser Salbe bestreicht und dabei einen Spruch aus dem Hexenbuch murmelt, heilen die Füße in wenigen Augenblicken.

„So, das hätten wir nun!", sagte die kleine Hexe

erleichtert, als Salbe und Hexenspruch ihre Wirkung getan hatten.

„Brauchst du jetzt nicht mehr zu humpeln?", fragte Abraxas.

„Sieh selbst!", rief die kleine Hexe und tanzte auf bloßen Füßen durchs Hexenhaus. Danach zog sie Schuhe und Strümpfe an.

„Willst du ausgehen?", staunte der Rabe.

„Ja, du kannst mitkommen", sagte die kleine Hexe. „Ich gehe ins Dorf."

„Das ist weit", mahnte Abraxas. „Vergiss nicht: Du hast keinen Besen mehr, du musst laufen!"

„Das ist es ja eben! Ich möchte nicht länger zu Fuß gehen müssen. Und weil ich nicht länger zu Fuß gehen möchte, muss ich ins Dorf gehen."

„Willst du dich über mich lustig machen?"

„Wieso denn? Ich will, wenn du nichts dagegen hast, einen Besen kaufen."

„Das ist etwas anderes", sagte Abraxas, „dann komme ich selbstverständlich mit. Sonst könnte es sein, dass du wieder so lange ausbleibst!"

Der Weg zum Dorf führte quer durch den Wald, über Wurzelknorren und Felstrümmer, niedergebrochene Bäume und Hänge voll Brombeergestrüpp. Dem Raben Abraxas machte das wenig aus. Er saß auf der Schulter der kleinen Hexe und brauchte nur achtzugeben, dass ihm nicht unversehens ein Ast an den Kopf schlug. Aber die kleine Hexe stolperte immer wieder über die Wurzeln und blieb mit dem Rockzipfel an den Zweigen hängen.

„Ein elender Weg!", rief sie ein ums andere Mal. „Es tröstet mich nur, dass ich bald wieder reiten kann."

Sie kamen ins Dorf und betraten den Laden des Krämers Balduin Pfefferkorn. Herr Pfefferkorn dachte sich weiter nichts, als die kleine Hexe mit ihrem Raben zur Tür hereinkam. Er hatte noch nie eine Hexe gesehen. Deshalb hielt er sie für ein ganz gewöhnliches altes Mütterchen aus einem der Nachbardörfer.

Er grüßte; sie grüßte zurück. Dann fragte Herr Pfefferkorn freundlich: „Was darf es denn sein?"

Als Erstes kaufte die kleine Hexe ein Viertelpfund Kandiszucker. Dann hielt sie die Tüte dem Raben unter den Schnabel. „Bitte, bedien dich!"

„Danke schön!", krächzte Abraxas.

Herr Pfefferkorn staunte nicht schlecht. „Das ist aber ein gelehriger Vogel!", sagte er anerkennend, bevor er fortfuhr: „Was wünschen Sie außerdem?"

„Führen Sie Besen?", fragte die kleine Hexe.

„Gewiss doch!", sagte Herr Pfefferkorn. „Handbesen, Küchenbesen und Reisigbesen. Und auch Schrubber natürlich. Und wenn Sie vielleicht einen Staubwedel brauchen …"

22

„Nein danke, ich will einen Reisigbesen."

„Mit Stiel oder ohne?"

„Mit Stiel", verlangte die kleine Hexe. „Der Stiel ist das Wichtigste. Aber er darf nicht zu kurz sein."

„Wie wäre dann dieser hier?", meinte Herr Pfefferkorn diensteifrig. „Besen mit längeren Stielen sind im Augenblick leider ausgegangen."

„Ich glaube, er reicht mir", sagte die kleine Hexe, „ich nehme ihn."

„Darf ich den Besen ein wenig zusammenschnüren?", fragte Herr Pfefferkorn. „Wenn ich ihn etwas zusammenschnüre, trägt er sich besser ..."

„Sehr aufmerksam", sagte die kleine Hexe, „aber das braucht's nicht."

„Ganz wie Sie wünschen." Herr Pfefferkorn zählte das Geld nach und brachte die kleine Hexe zur Tür.

24

„Habe die Ehre, auf Wiedersehen, gehorsamster ..."

„Diener", wollte er noch hinzufügen. Aber da blieb ihm die Luft weg.

Er sah, wie die Kundin den Besenstiel zwischen die Beine klemmte. Sie murmelte etwas und huiii!, flog der Besen mit ihr und dem Raben davon.

Herr Pfefferkorn traute seinen Augen nicht.

Gott behüte mich!, dachte er. Geht das mit rechten Dingen zu – oder träume ich?

Gute Vorsätze

Wie der leibhaftige Wirbelwind stürmte die kleine Hexe auf dem neuen Besen dahin. Mit flatternden Haaren und wehendem Kopftuch brauste sie über die Dächer und Giebel des Dorfes. Abraxas hockte auf ihrer Schulter und krallte sich mühsam fest.

„Aufpassen!", krächzte er plötzlich, „der Kirchturm!"

Gerade noch rechtzeitig konnte die kleine Hexe den Besen zur Seite rucken, sonst wäre sie haargenau an der Turmspitze hängen geblieben. Nur die Schürze verfing sich am Schnabel des eisernen Wetterhahnes. Ratsch!, riss sie mitten entzwei.

„Flieg doch langsamer!", schimpfte der Rabe. „Mit diesem verdammten Gerase wirst du dir noch den Hals brechen! Bist du denn toll geworden?"

„Ich nicht", rief die kleine Hexe, „aber der Besen! Das Biest ist mir durchgegangen!"

Mit neuen Besen ist es genau wie mit jungen Pferden: Man muss sie erst zähmen und zureiten. Wenn es dabei nur mit einer zerrissenen Schürze abgeht, so darf man von Glück sagen.

Aber die kleine Hexe war klug. Sie lenkte den Besen, so gut es ging, auf die freien Felder hinaus.

Dort konnte sie nirgends anstoßen. „Bock nur", rief
sie dem Besen zu, „bock nur! Wenn du dich müde
gebockt hast, wirst du schon zur Vernunft kommen!
Hussa!"

Der Besen versuchte auf alle erdenkliche Arten, sie
loszuwerden. Er machte die wildesten Kreuz-und-
quer-Sprünge, bäumte sich auf, ließ sich fallen – es
half nichts. Die kleine Hexe blieb oben, sie ließ sich
nicht abschütteln.

Endlich gab sich der Besen geschlagen, er konnte nicht mehr. Nun tat er aufs Wort, was die kleine Hexe von ihm verlangte. Gehorsam flog er bald schneller, bald langsam, geradeaus und im Bogen.

„Na also!", sagte die kleine Hexe zufrieden. „Warum denn nicht gleich?"

Sie zupfte sich Kleider und Kopftuch zurecht. Dann gab sie dem Besen eins mit der flachen Hand auf den Stiel – und sie schwebten gemächlich dem Wald zu.

Lammfromm war der neue Besen geworden. Sie segelten über die Wipfel und sahen tief drunten die Felsen und Brombeerhecken. Vergnügt ließ die kleine Hexe die Beine baumeln. Sie freute sich, dass sie jetzt nicht mehr zu Fuß gehen musste. Sie winkte den Hasen und Rehen, die sie im Dickicht erspähte, und zählte die Fuchslöcher.

„Sieh mal – ein Jäger!", krächzte nach einer Weile der Rabe Abraxas und deutete mit dem Schnabel hinunter.

„Ich sehe ihn", sagte die kleine Hexe. Sie spitzte die Lippen und spuckte dem Jägersmann – pitsch! – auf den Hut.

„Warum tust du das?", fragte Abraxas.

Sie kicherte: „Weil es mir Spaß macht! Hihi! Er wird denken, es regnet!"

Der Rabe blieb ernst. „Das gehört sich nicht", sagte er tadelnd. „Als gute Hexe darf man den Leuten nicht auf den Hut spucken."

„Ach", rief sie ungehalten, „hör auf damit!"

„Bitte sehr", krächzte Abraxas beleidigt. „Aber die Muhme Rumpumpel wird sich bei solchen ‚Späßen' ins Fäustchen lachen ..."

„Die Wetterhexe? – Was geht denn das die an?"

„Sehr viel!", rief der Rabe. „Was meinst du wohl, wie die sich freuen wird, wenn du bis nächstes Jahr keine gute Hexe geworden bist! Willst du ihr dieses Vergnügen gönnen?"

Die kleine Hexe schüttelte heftig den Kopf.

„Du bist aber, wenn mich nicht alles täuscht, auf dem besten Weg dazu", sagte Abraxas. Dann schwieg er.

Die kleine Hexe schwieg auch. Was Abraxas gesagt hatte, gab ihr zu denken. Sie grübelte finster darüber nach. Aber wie sie die Sache auch drehen und wenden mochte, es blieb dabei, dass der Rabe recht hatte. Als sie zu Hause ankamen, sagte sie: „Ja, es ist richtig, ich muss eine gute Hexe werden. Nur so kann ich dieser Rumpumpel eins auswischen. Grün und gelb soll sie werden vor Ärger!"

„Das wird sie!", krächzte Abraxas. „Du musst aber freilich von heute an immer nur Gutes tun."

„Daran soll es nicht fehlen!", versprach sie.

Wirbelwind

Von nun an studierte die kleine Hexe täglich nicht sechs, sondern sieben Stunden im Hexenbuch. Bis zur nächsten Walpurgisnacht wollte sie alles im Kopf haben, was man von einer guten Hexe verlangen kann. Das Lernen machte ihr wenig Mühe, sie war ja noch jung. Bald konnte sie alle wichtigen Hexenkunststücke auswendig hexen.

Zwischendurch ritt sie auch manchmal ein bisschen spazieren. Wenn sie so viele Stunden lang fleißig geübt hatte, brauchte sie eine Abwechslung. Seit sie den neuen Besen besaß, geschah es sogar, dass sie hin und wieder ein Stück zu Fuß durch den Wald ging. Denn laufen müssen und laufen können ist zweierlei.

Als sie nun wieder einmal mit dem Raben Abraxas im Wald herumstreifte, traf sie drei alte Frauen. Die drei trugen Buckelkörbe und blickten zu Boden, als suchten sie etwas.

„Was sucht ihr denn?", fragte die kleine Hexe.

Da sagte die eine: „Wir suchen nach trockener Rinde und abgebrochenen Ästen."

„Aber wir haben kein Glück damit", seufzte die zweite. „Der Wald ist wie ausgefegt."

„Sucht ihr schon lange?", fragte die kleine Hexe.

„Seit heute Morgen schon", sagte die dritte Frau. „Wir suchen und suchen, aber wir haben zusammen noch nicht einmal einen halben Korb voll. Wie soll

das nur werden, wenn wir im nächsten Winter so wenig zu heizen haben?"

Die kleine Hexe warf einen Blick in die Buckelkörbe. Es lagen nur ein paar dürre Reiser darin, sonst nichts.

„Wenn das alles ist", sagte sie zu den Frauen, „dann kann ich verstehen, warum ihr so lange Gesichter macht. Woran liegt es denn, dass ihr nichts findet?"

„Am Wind liegt's."

„Am Wind?!", rief die kleine Hexe. „Wie kann das am Wind liegen?"

„Weil er nicht wehen will", sagte die erste Frau.

„Wenn nämlich kein Wind weht, fällt nichts von den Bäumen herunter."

„Und wenn keine Äste und Zweige herunterfallen – was sollen wir dann in die Körbe tun?"

„Ach, so ist das!", sagte die kleine Hexe.

Die Holzsammlerinnen nickten; und eine von ihnen meinte: „Was gäbe ich drum, wenn ich hexen könnte! Dann wäre uns gleich geholfen! Ich würde uns einen Wind hexen. Aber ich kann es nicht."

„Nein", sprach die kleine Hexe, „du kannst das freilich nicht."

Die drei Frauen beschlossen nun heimzugehen. Sie sagten: „Es hat keinen Zweck, dass wir weitersuchen. Wir finden ja doch nichts, solange kein Wind weht. – Auf Wiedersehen!"

„Auf Wiedersehen!", sagte die kleine Hexe und wartete, bis sich die drei ein paar Schritte entfernt hatten.

„Könnte man denen nicht helfen?", fragte Abraxas leise.

Da lachte die kleine Hexe. „Ich bin schon dabei. Aber halt dich fest, sonst verweht es dich!"

Wind machen war für die kleine Hexe ein Kinderspiel. Ein Pfiff durch die Zähne und augenblicklich erhob sich ein Wirbelwind. Aber was für einer! Er fuhr durch die Wipfel und rüttelte an den Stämmen. Von allen Bäumen riss er die dürren Reiser ab. Rindenstücke und dicke Äste prasselten auf den Boden.

Die Holzsammlerinnen kreischten und zogen erschrocken die Köpfe ein. Mit beiden Händen hielten sie ihre Röcke fest. Es fehlte nicht viel und der Wirbelwind hätte sie umgeblasen. So weit aber ließ es die kleine Hexe nicht kommen. „Genug!", rief sie. „Aufhören!"

Der Wind gehorchte aufs Wort und verstummte. Die Frauen blickten sich ängstlich um. Da sahen sie, dass der Wald voller Knüppel und abgerissener Zweige lag. „Welch ein Glück!", riefen alle drei. „So viel Klaubholz auf einmal! Das reicht ja für viele Wochen!"

Sie rafften zusammen, was sie gerade erwischen

konnten, und stopften es in die Buckelkörbe. Dann zogen sie freudestrahlend nach Hause.

Die kleine Hexe sah ihnen schmunzelnd nach.

Auch der Rabe Abraxas war ausnahmsweise einmal zufrieden. Er pickte ihr auf die Schulter und sagte: „Nicht schlecht für den Anfang! Mir scheint, du hast wirklich das Zeug dazu, eine gute Hexe zu werden."

Vorwärts, mein Söhnchen!

Die kleine Hexe sorgte von jetzt an dafür, dass die Holzsammlerinnen nie mehr mit leeren Körben nach Hause zu gehen brauchten. Nun waren sie allezeit guter Dinge und wenn sie der kleinen Hexe begegneten, machten sie frohe Gesichter und sagten: „In diesem Jahr ist das Holzklauben eine wahre Freude! Da lohnt es sich, in den Wald zu gehen!"

Wie staunte die kleine Hexe daher, als die drei eines Tages verheult und mit leeren Buckelkörben des Weges kamen. Sie hatte doch gestern Abend erst einen Wind gehext und an Reisern und Rinde konnte kein Mangel sein.

„Denk dir, was geschehen ist!", schluchzten die

Frauen. „Der neue Revierförster hat uns das Klaubholzsammeln verboten! Die vollen Körbe hat er uns
ausgeschüttet – und nächstes Mal will er uns einsperren lassen!"

„Der hat es ja gut vor!", sagte die kleine Hexe.
„Wie kommt er dazu?"

„Weil er böse ist!", riefen die drei. „Der alte Revierförster hatte ja auch nichts dagegen. Nur dieser neue!
Du kannst dir nicht vorstellen, wie er getobt hat! Nun
ist es für alle Zeiten vorbei mit dem billigen Brenn-
holz."

Die Frauen heulten von Neuem los. Die kleine
Hexe sprach ihnen Mut zu. „Der neue Revierförster",
sagte sie, „wird es sich überlegen! Ich werde ihn zur
Vernunft bringen."

„Wie denn?", wollten die Holzsammlerinnen wissen.

„Lasst das nur meine Sorge sein! Geht jetzt nach
Hause und ärgert euch nicht. Von morgen an wird
euch der neue Revierförster Holz sammeln lassen, so
viel ihr schleppen könnt."

Die drei Frauen gingen. Die kleine Hexe hexte
sich rasch einen Buckelkorb voller Klaubholz herbei.
Den stellte sie an den Wegrand und setzte sich selbst
daneben, als sei sie beim Holzsuchen und ruhe gerade ein wenig aus. Sie brauchte nicht lange zu warten, da nahte der neue Revierförster. Sie erkannte ihn

gleich an der grünen Jacke, dem Gewehr und der ledernen Jagdtasche.

„Ha!", rief der Förster. „Schon wieder so eine! Was machst du da?"

„Ausruhen", sagte die kleine Hexe. „Der Korb ist so schwer und ich muss mich ein bisschen verschnaufen."

„Weißt du denn nicht, dass das Klaubholzsammeln verboten ist?"

„Nein. Woher soll ich das wissen?"

„Jetzt weißt du es!", schnauzte der Förster. „Schütt den Korb aus und pack dich!"

„Den Korb soll ich ausschütten?", fragte die kleine Hexe. „Lieber Herr neuer Revierförster, haben Sie Mitleid! Das können Sie einer alten Frau nicht antun!"

„Ich werde dir zeigen, was ich dir antun kann!", schimpfte der Förster. Er packte den Korb, um ihn auszuschütten.

Da sagte die kleine Hexe: „Das werden Sie bleiben lassen!"

Der Förster war wütend. „Ich lasse dich einsperren!", wollte er loswettern; aber er sagte stattdessen: „Entschuldige vielmals, ich habe nur Spaß gemacht. Selbstverständlich darfst du das Klaubholz behalten."

Wie kommt es nur, dachte der Förster bestürzt, dass ich plötzlich das Gegenteil von dem gesagt habe, was ich sagen wollte? Er konnte nicht wissen, dass ihn die kleine Hexe verhext hatte.

„Siehst du, mein Söhnchen, das hört sich schon besser an!", meinte sie. – „Wenn nur der Buckelkorb nicht so schwer wäre!"

„Soll ich dir helfen?", fragte der Förster. „Ich könnte dir ja das Klaubholz nach Hause tragen."

Sie kicherte. „Wirklich, mein Söhnchen? Das ist aber lieb von dir! So ein höflicher junger Mann!"

Ich könnte mich ohrfeigen!, dachte der neue Revierförster. Warum rede ich solchen Unsinn? Ich kenne mich gar nicht wieder!

Gegen seinen Willen musste er sich den schweren Buckelkorb aufladen.

„Mütterchen!", sagte er dann, „wenn du müde bist, kannst du dich gern hinaufsetzen!"

„Ist das dein Ernst?", rief die kleine Hexe.

Der Förster war am Verzweifeln, er hörte sich freundlich antworten: „Aber gewiss doch! Nur immer hinauf mit dir!"

Das ließ sich die kleine Hexe nicht zweimal sagen. Sie schwang sich mit einem Satz auf den vollen Korb und der Rabe hüpfte ihr auf die Schulter.

„So, es kann losgehen! Vorwärts!"

Der Förster wünschte den Buckelkorb samt der
alten Frau und dem Raben ins Pfefferland. Aber was

half es? Gehorsam musste er ihnen den Packesel machen und antraben.

„Immer geradeaus!", rief Abraxas. „Und schneller, mein Eselchen, schneller! Sonst muss ich dich leider ins Sitzfleisch picken!"

Dem neuen Revierförster wurde abwechselnd heiß und kalt. Er trabte und trabte. Bald war er in Schweiß gebadet. Die Zunge hing ihm zum Hals heraus. Er verlor seinen grünen Hut, dann die lederne Jagdtasche. Auch das Gewehr ließ er fallen.

So rannte er kreuz und quer durch den Wald. „Nach links!", kommandierte Abraxas. „Dort hinter dem Graben nach rechts – und dann weiter, den Berg hinauf!"

Als sie endlich beim Hexenhaus anlangten, konnte der Förster nur noch mit knapper Not auf den Füßen stehen.

Die kleine Hexe hatte kein Mitleid mit ihm, sondern fragte: „Wie wäre es, Söhnchen, wenn du das Klaubholz gleich klein hacken würdest?"

„Ich werde es klein hacken, bündeln und aufstapeln", keuchte der Förster. Das tat er denn auch.

Als er fertig war – und es dauerte lange, bis er die Arbeit geschafft hatte –, sagte die kleine Hexe: „Jetzt darfst du nach Hause gehen. Ich danke dir, Söhnchen! Einen so freundlichen Förster wie dich gibt es

sicher nur einmal! Da werden sich aber die Holzsammlerinnen freuen! Ich denke doch, dass du zu
allen so hilfreich bist – wie …?"

Der neue Revierförster wankte davon. Er schleppte
sich müde heim in sein Försterhaus. In Zukunft schlug
er um jede, die Klaubholz sammelte, einen großen
Bogen.

Die kleine Hexe lachte noch oft über diesen Streich.
Dem Raben gestand sie: „So will ich es immer halten!
Ich helfe den guten Menschen, indem ich ganz einfach den schlechten Böses zufüge. Das gefällt mir!"
Abraxas entgegnete: „Muss das sein? Du könntest
doch Gutes auch anders tun. Ohne Schabernack,
meine ich."

„Ach, das ist langweilig!", sagte sie.

„Woher weißt du das?", fragte Abraxas.

Papierblumen

Einmal bekam die kleine Hexe Lust, in die Stadt zu
reiten. Sie wollte sich dort auf dem Wochenmarkt
umsehen.

„Fein!", rief Abraxas begeistert, „da komme ich
mit! Bei uns im Wald ist es einsam, da gibt es nur

viele Bäume und wenig Leute. In der Stadt, auf dem Wochenmarkt, ist das gerade umgekehrt!"

Sie konnten jedoch nicht gut mit dem Besen bis auf den Marktplatz reiten. Das hätte ein großes Hallo bei den Leuten gegeben und womöglich wäre ihnen dann sogar die Polizei auf den Hals gerückt. Sie versteckten daher den Besen am Stadtrand in einem Kornfeld und gingen zu Fuß weiter.

Auf dem Wochenmarkt drängten sich schon die Hausfrauen, Dienstmädchen, Bäuerinnen und Köchinnen um die Verkaufsstände. Die Gärtnersfrauen priesen mit schriller Stimme ihr Grünzeug an, die Obsthändler riefen in einem fort: „Kaufen Sie Boskop-Äpfel und Butterbirnen!" Die Fischverkäuferinnen wollten ihre gesalzenen Heringe anbringen, der Würstelmann seine heißen Frankfurter, der Töpfer die irdenen Krüge und Schüsseln, die er auf einer Strohschütte ausgelegt hatte. Hier rief es: „Sauerkraut! Sauerkraut!", dort rief es: „Wassermelonen, Kürbisse, bitte sehr! Wassermelonen, Kürbisse!"

Am lautesten ließ sich der Billige Jakob vernehmen. Er stand auf der obersten Stufe des Marktbrunnens, klopfte mit einem Hammer an seinen Bauchladen und schrie aus voller Kehle: „Kauft, Leute, kauft! Heute ist's billig bei mir! Heute habe ich meinen Spendiertag, da gebe ich alles zum halben

Preis her! Schnürsenkel, Schnupftabak, Hosenträger! Rasierklingen, Zahnbürsten, Haarspangen! Topflappen, Knoblauchsaft! Immer heran, meine Herrschaften! Kaufen Sie, kaufen Sie! Hiiier ist der Billige Jakob!"

Die kleine Hexe freute sich über den Trubel. Hierhin und dorthin ließ sie sich von der Menge treiben. Sie kostete da von den Butterbirnen und dort aus dem Krautfass. Für ein paar Münzen erstand sie beim Billigen Jakob ein Feuerzeug und als Dreingabe schenkte er ihr einen gläsernen Fingerring.

„Danke schön!", sagte die kleine Hexe.

„Bitte sehr! – Immer heran, meine Herrschaften! Kaufen Sie, kaufen Sie! Hiiier ist der Billige Jakob!"

Ganz hinten, im allerentlegensten Winkel des Marktes, stand stumm und traurig ein blasses Mädchen mit einem Korb voll Papierblumen. Achtlos eilten die Leute daran vorüber, niemand kaufte dem schüchternen Ding etwas ab.

„Wie wäre es", meinte

der Rabe Abraxas, „wenn du dich seiner ein wenig annehmen würdest? Das arme Kind tut mir leid."

Die kleine Hexe bahnte sich einen Weg durch die Menge. Sie fragte das Mädchen: „Kannst du die Blumen nicht loswerden?"

„Ach", seufzte das Mädchen, „wer kauft schon im Sommer Papierblumen! Mutter wird wieder weinen. Wenn ich am Abend kein Geld bringe, kann sie kein Brot für uns kaufen. Ich habe noch sieben Geschwister. Und Vater ist vorigen Winter gestorben. Nun machen wir solche Papierblumen. Aber es mag sie ja niemand."

Mitleidig hatte die kleine Hexe dem Mädchen zugehört. Einen Augenblick überlegte sie, wie sie ihm helfen könnte. Dann kam ihr ein Gedanke. Sie sagte: „Ich kann nicht verstehen, weshalb dir die Leute die Blumen nicht abkaufen wollen. Sie duften doch!"

Ungläubig blickte das Mädchen auf.

„Duften? – Wie sollten Papierblumen duften können?"

„Doch, doch", versicherte die kleine Hexe ernsthaft. „Sie duften viel schöner als richtige Blumen. Riechst du es nicht?"

Die Papierblumen dufteten wirklich! Das merkte nicht nur die kleine Verkäuferin.

Überall auf dem Marktplatz begannen die Leute

zu schnuppern. „Was duftet da?", fragten sie unter-
einander. „Nicht möglich! Papierblumen, sagen Sie?
Gibt es die etwa zu kaufen? Da muss ich mir gleich
welche mitnehmen! Ob sie wohl teuer sind?"

Alles, was Nasen und Beine hatte, eilte dem Winkel zu, wo das Mädchen stand. Die Hausfrauen
kamen gelaufen, die Dienstmädchen kamen, die
Bauersfrauen, die Köchinnen, alle. Die Fischverkäuferinnen ließen ihre gesalzenen Heringe im Stich,
der Würstelmann seinen Würstelofen, die Gärtnersfrauen das Grünzeug.

Alle, alle drängten sich kauflustig um das Papier-
blumenmädchen. Selbst der Billige Jakob mit seinem
Bauchladen rannte herzu. Weil er als Allerletzter
gekommen war, stellte er sich auf die Zehenspitzen
und formte die Hände zu einem Trichter. „Hallo!",
schrie er über die Köpfe der Leute weg, „hörst du
mich, Blumenmädchen? Hiiier ist der Billige Jakob!
Heb mir unbedingt ein paar Blumen auf! Eine einzige wenigstens! Hörst du mich? Wenigstens eine
einzige!"

„Nein, keine Extrawürste! Auch für den Billigen
Jakob nicht!", riefen die Leute, die vorn bei dem
Mädchen standen. „Verkauf die Blumen der Reihe
nach!" Ein Glück, dass wir vornedran sind, dachten
sie. Lang kann der Vorrat nicht reichen und alle, die

später gekommen sind, werden das Nachsehen haben. – Das Mädchen verkaufte, verkaufte, verkaufte. Aber die Blumen im Körbchen gingen nicht aus. Sie reichten für alle Leute, die kaufen wollten – sogar für den Billigen Jakob.

„Wie kommt es nur, dass die Blumen nicht alle werden?", fragten die Menschen verwundert und steckten die Köpfe zusammen. Aber das wusste das Blumenmädchen ja selbst nicht. Das hätte ihm höchstens die kleine Hexe erklären können. Die aber hatte sich längst mit Abraxas davongeschlichen. Schon lagen die Häuser der Stadt hinter ihnen. Bald mussten sie an dem Kornfeld sein, wo der Besen versteckt lag.

Die kleine Hexe war in Gedanken noch mit dem Blumenmädchen beschäftigt. Sie schmunzelte vor sich hin. Da stieß sie der Rabe leicht mit dem Schnabel an und zeigte ihr eine schwarze Wolke, die eilig am Himmel davonzog. Das wäre nicht weiter verdächtig gewesen, wenn nicht ein Besenstiel aus der Wolke herausgeragt hätte.

„Sieh da!", rief Abraxas, „die Muhme Rumpumpel! Das alte Scheusal hat dir wohl nachspioniert?"

„Die bringt alles fertig!", brummte die kleine Hexe.

„Na, wennschon!", sagte der Rabe. „Vor der hast du nichts zu verbergen – und das, was du heute getan hast, am allerwenigsten!"

46

Eine saftige Lehre

Ein paar Tage lang hatte es ununterbrochen geregnet. Da war auch der kleinen Hexe nichts anderes übrig geblieben, als brav in der Stube zu hocken und gähnend auf besseres Wetter zu warten. Zum Zeitvertreib hatte sie hin und wieder ein wenig herumgehext, hatte das Nudelholz mit dem Schürhaken auf der Herdplatte Walzer tanzen, die Kehrschaufel Purzelbaum schlagen, das Butterfass kopfstehen lassen. Aber das alles war nicht das Rechte gewesen, es machte ihr bald keinen Spaß mehr.

Als draußen endlich wieder die Sonne schien, hielt es die kleine Hexe nicht länger im Hexenhaus. „Auf!", rief sie unternehmungslustig, „nichts wie zum Schornstein hinaus! Ich muss nachsehen, ob es nicht irgendwo etwas zu hexen gibt!"

„Ja, etwas Gutes vor allem!", mahnte Abraxas.

Gemeinsam ritten sie über den Wald und hinaus auf die Wiesen. Dort standen noch überall Wasserpfützen. Die Feldwege waren verschlammt und die Bauersleute wateten bis zu den Knöcheln im Dreck.

Auch die Landstraße hatte der Regen aufgeweicht. Eben kam von der Stadt her ein Fuhrwerk gefahren. Es war mit zwei Pferden bespannt und beladen mit

Bierfässern. Auf der schlechten Straße kam es nur langsam vom Fleck. Den Pferden tropfte der Schaum von den Mäulern. Sie mühten sich redlich ab mit dem schweren Wagen.

Dem Bierkutscher aber, der breitspurig auf dem Bock saß, ging es nicht schnell genug. „Hü!", schrie er, „wollt ihr wohl ziehen, ihr Biester!"

Und er schlug mit der Peitsche erbarmungslos auf die Pferde ein – immer wieder und wieder.

„Das ist ja zum Dreinhacken!", krächzte Abraxas empört. „Dieser Grobian! Drischt auf die Pferde los wie ein Prügelmeister! Kann man das ruhig mit ansehen?"

„Tröste dich", sagte die kleine Hexe, „er wird es sich abgewöhnen."

Sie folgten dem Fuhrwerk, bis es im nächsten Dorf vor der Wirtschaft „Zum Löwenbräu" anhielt. Der Bierkutscher lud ein paar Fässer ab. Er rollte sie über den Hof in den Keller und ging dann zum Wirt in die Gaststube, wo er sich etwas zu essen bestellte. Die dampfenden Pferde ließ er angeschirrt vor dem Wagen stehen. Nicht einmal eine Handvoll Heu oder Hafer bekamen sie.

Die kleine Hexe wartete hinter dem Schuppen ab, bis der Kutscher im Gasthaus verschwunden war. Dann huschte sie rasch zu den beiden Gäulen und

fragte sie in der Pferdesprache: „Treibt er es immer
so arg mit euch?"

„Immer", gestanden die Pferde. „Aber du müsstest
ihn erst einmal sehen, wenn er betrunken ist oder

in Wut kommt. Dann drischt er sogar mit dem Peitschenstiel auf uns los. Sieh dir die Striemen auf unserer Haut an, dann weißt du Bescheid."

„Der Bursche verdient einen Denkzettel!", sagte die kleine Hexe. „Es ist eine Schande, wie er euch zurichtet! – Wollt ihr mir helfen, wenn ich's ihm heimzahle?"

„Gut – was verlangst du von uns?"

„Dass ihr euch nicht von der Stelle rührt, wenn er aufsteigt und abfahren will. Keinen Hufbreit!"

„Oh, das ist viel verlangt!", wandten die Pferde ein. „Du wirst sehen, er prügelt uns grün und blau dafür!"

„Ich verspreche euch", sagte die kleine Hexe, „dass euch kein Leid geschieht."

Sie trat an den Wagen und griff nach der Peitsche. Dann knüpfte sie einen Knoten ins untere Ende der Peitschenschnur. Das war alles. Nun konnte sie seelenruhig hinter den Schuppen zurückkehren, konnte sich dort auf die Lauer legen und abwarten, wie es dem Kutscher ergehen würde.

Der Bierkutscher trat eine Weile danach aus dem Wirtshaus. Er hatte gegessen, er hatte getrunken. Laut und vergnügt vor sich hin pfeifend kam er herangeschlendert.

Er stieg auf den Kutschbock, ergriff mit der Linken

die Zügel und langte sich mit der Rechten nach alter
Gewohnheit die Peitsche her.

„Hü!", rief er, schnalzte mit der Zunge und wollte
davonfahren.

Als nun die Pferde nicht anzogen, wurde er ärgerlich. „Wartet, ihr faulen Böcke, euch helfe ich!",
schimpfte er los – und schon
holte er weit mit der Peitsche
aus.

Aber der Hieb ging daneben! Die Peitschenschnur schwippte zurück und der Schlag traf nicht etwa die Pferde: Er klatschte dem Kutscher selbst um die Ohren!

„Verdammt noch mal!", fluchte der, holte erneut mit der Peitsche aus und schlug abermals zu – doch auch diesmal erging es ihm keineswegs besser.

Jetzt packte den Kutscher die blinde Wut. Er sprang auf. Wie ein Rasender schwang er die Peitsche und drosch auf die Pferde ein. Aber jedes Mal trafen die Hiebe ihn selbst. Sie trafen ihn auf den Hals, ins Gesicht, auf die Finger, die Arme, den Leib und das Hinterteil.

„Donner und Doria!", brüllte er schließlich, „so geht das nicht!" Er erwischte die Peitsche am oberen Ende und hieb voller Zorn mit dem Stiel zu.

Das tat er nur ein Mal.

Der Peitschenstiel traf ihn so hart an die Nase, dass ihm das Blut aus den Nasenlöchern hervorschoss. Der Bierkutscher stieß einen lauten Schrei aus. Die Peitsche entfiel seinen Händen, es wurde ihm schwarz vor den Augen, er musste sich festhalten.

Als er nach einiger Zeit wieder halbwegs zu sich kam, stand neben dem Fuhrwerk die kleine Hexe. Sie drohte ihm: „Wenn du noch einmal die Peitsche nimmst, geht es dir wieder so! Schreib dir das hinter die Ohren! Jetzt kannst du von mir aus davonfahren. Hü!"

Auf ihr Zeichen hin zogen die Pferde gehorsam an. Das Sattelpferd wieherte: „Danke schön!", und das Handpferd warf freudeschnaubend den Kopf hoch.

Der Bierkutscher saß auf dem Bock wie ein Häuflein Unglück. Er schwor sich bei seiner geschwollenen Nase: „Ich werde mein Leben lang keine Peitsche mehr anrühren!"

Freitagsgäste

Der Freitag ist für die Hexen das, was für andere Leute der Sonntag ist. Wie diese am Sonntag nicht arbeiten dürfen, so dürfen die Hexen am Freitag nicht hexen. Wenn sie es dennoch tun und dabei erwischt werden, müssen sie Strafe zahlen.

Die kleine Hexe hielt sich besonders gewissenhaft an die Freitagsruhe. Sie wollte auf keinen Fall in Versuchung kommen. Am Donnerstagabend schloss sie den Besen weg und sperrte das Hexenbuch in den Tischkasten. Sicher ist sicher.

Den Freitagmorgen verschlief sie gewöhnlich. Sie konnte ja mit dem Vormittag ohnehin nicht viel an-

fangen, wenn sie nicht hexen durfte. Nach Tisch ging sie meist eine Weile spazieren oder sie setzte sich hinter den Backofen in den Schatten und faulenzte. „Wenn es nach mir ginge", raunzte sie manchmal, „dann brauchte nur alle sechs Wochen ein Freitag zu sein. Das würde mir auch genügen!"

Es war eines Freitags im Spätsommer. Wiederum hockte die kleine Hexe hinter dem Backofen und langweilte sich. Viel lieber hätte sie hexen wollen. An keinem anderen Tag der Woche verspürte sie solche Lust dazu.

Auf einmal hörte sie Schritte. Dann klopfte es an die Haustür. „Ja, ja", rief die kleine Hexe, „ich komme schon!"

Sie sprang neugierig auf und lief nachschauen, wer da geklopft habe.

Vor dem Hexenhaus standen zwei Kinder, ein Bub und ein Mädchen. Die hielten sich bei den Händen gefasst und als sie die kleine Hexe herankommen sahen, sagten sie: „Guten Tag!"

„Guten Tag!", rief die kleine Hexe. „Was wollt ihr?"

„Wir wollten dich nach dem Weg in die Stadt fragen", sagte der Junge. „Wir haben uns nämlich verlaufen."

„Beim Pilzesuchen", ergänzte das Mädchen.

„So, so", wiederholte die kleine Hexe, „beim Pilzesuchen."

Sie ging mit den Kindern ins Hexenhaus. Dort setzte sie ihnen Kräutertee vor und jedes bekam dazu ein Stück Freitagskuchen. Dann fragte die kleine Hexe nach ihren Namen.

Der Junge hieß Thomas, das Mädchen hieß Vroni. Sie waren Geschwister, wie sich herausstellte. Ihren Eltern gehörte der Gasthof „Zum doppelten Ochsen", das stattliche Wirtshaus schräg gegenüber vom Marktbrunnen.

„Kenne ich", sagte die kleine Hexe.

„Und du?", fragte Thomas über den Rand seiner Tasse weg. „Wer bist du?"

Sie kicherte. „Rat mal ..."

„Woher soll ich das wissen? Du musst es schon selber sagen."

„Ich bin eine Hexe und dies ist mein Hexenhaus."

„Ui!", rief das Mädchen erschrocken, „du bist – eine richtige Hexe, die hexen kann?"

„Keine Angst!", warf der Rabe beruhigend ein. „Sie ist eine gute Hexe, sie tut euch nichts."

„Nein, gewiss nicht", sagte die kleine Hexe und schenkte den beiden nach. Dann fragte sie: „Soll ich euch etwas vorhexen?"

„Halt!", rief Abraxas dazwischen. „Du hast wohl vergessen, dass heute Freitag ist? Untersteh dich!"

Die kleine Hexe besann sich nicht lange. „Wir werden ganz einfach die Läden schließen, dann merkt's keiner", sagte sie pfiffig.

Sie klappte an allen Fenstern die Läden zu und verriegelte sie. Nun begann sie zu hexen. Sie hexte

ein Meerschweinchen auf den Küchentisch, einen Hamster und eine Schildkröte. Hamster und Meerschweinchen stellten sich auf die Hinterpfoten und tanzten. Die Schildkröte wollte nicht.

„Los!", rief die kleine Hexe, „du auch!"

Da musste die Schildkröte wohl oder übel mittanzen.

„Fein!", sagten Thomas und Vroni. „Du kannst das aber!"

„Es war erst der Anfang", meinte die kleine Hexe, ließ Meerschweinchen, Hamster und Schildkröte wieder verschwinden und hexte weiter. Sie hexte noch viele lustige Dinge. Den Ofen ließ sie ein Lied singen, in die Teekanne hexte sie Blumen, hoch auf dem Wandbord spielten die hölzernen Quirle und Kochlöffel Kasperltheater. Die Kinder konnten sich gar nicht sattsehen. „Noch etwas!", baten sie immer wieder.

So hexte die kleine Hexe zwei Stunden lang eins nach dem anderen. Dann aber sagte sie: „So, jetzt ist Schluss! Ihr müsst heimgehen!"

„Jetzt schon?"

„Ja, es ist höchste Zeit, denn ihr wollt doch noch vor der Dunkelheit wieder zu Hause sein – oder?"

Nun merkten die Kinder erst, dass es schon spät war. Sie griffen nach ihren Pilzkörbchen.

„Oh!", sagte Thomas und stutzte. „Wir hatten doch nur ein paar Pfifferlinge gefunden – und jetzt sind die Körbe voll Steinpilze!"

„Was es nicht alles gibt!", rief die kleine Hexe und tat verwundert.

Sie brachte die Kinder noch rasch auf den Weg.

„Vielen Dank!", sagte Vroni beim Abschied. „Wie wäre es übrigens, wenn du uns auch mal besuchen würdest? Wir führen dich dann durch den ganzen Gasthof. Wir zeigen dir Küche und Keller, den Stall und den Ochsen Korbinian."

„Wer ist das wieder?", fragte Abraxas.

„Das ist unser Liebling!", rief Thomas. „Auf dem kann man reiten! – Ihr kommt doch?"

„Wir kommen", sagte die kleine Hexe. „Wann passt es euch?"

„Sonntag in vierzehn Tagen", schlug Thomas vor. „Da ist Schützenfest! Treffen wir uns auf der Festwiese!"

„Abgemacht", sagte die kleine Hexe, „dann kommen wir Sonntag in vierzehn Tagen. Nun lauft aber!"

Thomas und Vroni fassten sich an den Händen und liefen der Stadt zu. Die kleine Hexe ging heimwärts. Sie dachte: So schnell müsste jeder Freitag vergehen!

Als sie zurückkehrte, stand eine pechschwarze Wolke über dem Giebel des Hexenhauses.

„Da hast du es!", krächzte Abraxas. „Die Wetter-hexe Rumpumpel hat zugeschaut. Durch den Schorn-stein wahrscheinlich."

„Es könnte ja", meinte die kleine Hexe verle-gen, „auch eine gewöhnliche schwarze Wolke sein. Wenigstens sehe ich keinen Besenstiel ..."

Aber insgeheim hatte sie große Sorge. Was nun, wenn es wirklich die Muhme Rumpumpel war? Welch ein Unglück! Sie würde die kleine Hexe sofort bei der Oberhexe verklagen, weil sie am Freitag gehext hatte.

„Warten wir ab, was geschehen wird", sagte sie kleinlaut.

Sie wartete Tag für Tag, eine ganze Woche lang. Es geschah aber gar nichts. Sie wurde nicht vor die Oberhexe gerufen, sie brauchte auch keine Strafe zu zahlen.

Da dachte die kleine Hexe erleichtert: Es ist also doch nicht die Muhme Rumpumpel gewesen!

Das leicht verhexte Schützenfest

Die Glocken klangen, die Böller knallten, die vielen fröhlichen Leute fanden kaum Platz auf der Festwiese vor der Stadt. Die kleine Hexe hielt Ausschau nach Thomas und Vroni. Sie drängte sich durch die Menge, der Rabe Abraxas renkte sich fast den Hals aus.

Wo steckten die beiden?

Die zwei saßen tief bekümmert hinter dem Festzelt. Dort fand sie die kleine Hexe nach langem Suchen.

„Nanu!", rief sie kopfschüttelnd. „Solche Gesichter? Wie kann man am Schützenfestsonntag solche Gesichter machen?"

„Wir schon", sagte Thomas. „Der Vater hat unseren Ochsen als Preis gestiftet."

„Den Ochsen Korbinian?", fragte die kleine Hexe.

„Ja", schluchzte Vroni, „als Preis für den Schützenkönig."

„Und der wird ihn schlachten und braten lassen", versicherte Thomas, „und hinterher werden ihn alle Schützen gemeinsam aufessen."

„Wenn aber niemand den Ochsen gewinnen würde?", meinte die kleine Hexe. „Es könnte ja sein ..."

„Das kann *nicht* sein", entgegnete Thomas. „Ein Schützenfest ohne Schützenkönig – das gibt es nicht."

„Ach, es gibt vieles", sagte die kleine Hexe. Sie hatte sich längst einen Plan gemacht. „Kommt nur mit, es wird alles gut werden!"

Zögernd folgten die beiden der kleinen Hexe zurück auf den Festplatz. Dort rückten gerade die Schützen an. Vorneweg, mit gezogenem Säbel, marschierte der Hauptmann; und hinterher trottete, über und über mit Bändern und bunten Schleifen behangen, der Ochse Korbinian.

„Hoch!", riefen alle Leute und reckten die Hälse. Denn alle wollten beim Königsschießen dabei sein und sehen, wer nun den Ochsen gewinnen würde.

„Abteilung – halt!", kommandierte der Schützenhauptmann. Dann ließ er die Musikanten auf ihren Trompeten Tusch blasen.

„Ruhe! Der Hauptmann hält eine Ansprache!",
zischten die Leute.

„Ich habe die große Ehre", sagte der Hauptmann,
„Sie alle auf unserem Schützenfest herzlich willkommen zu heißen! Unser besonderer Dank gilt in dieser
Stunde dem Herrn Besitzer des Gasthofs ,Zum doppelten Ochsen', der uns als Siegespreis einen leben-
den Ochsen gestiftet hat."

„Hoch!", riefen abermals alle Leute. „Hoch lebe
der Ochsenwirt! Vivat der edle Spender!"

Dann schwenkte der Schützenhauptmann den
Säbel und sagte: „Hiermit erkläre ich unser Schützenfest für eröffnet!"

Am Ende der Festwiese stand eine hohe Stange.
Daran war hoch droben ein hölzerner Adler befestigt,
den sollten die Schützen herunterschießen.

Der Hauptmann schoss selbstverständlich als Erster
von allen – und blitzte gewaltig daneben.

„Kann vorkommen", sagten die Leute.

Beschämt trat der Hauptmann zurück.

Nun war es am Fähnrich, sein Glück zu versuchen.
Er zielte und schoss – aber wiederum ging der Schuss
daneben.

Die Leute begannen zu schmunzeln. Bald lachten
sie. Dass einmal einer am Adler vorbeischoss, das
konnte ja vorkommen. Wenn aber alle Schüsse von

allen Schützen danebenklatschten, so war das zum Totlachen. Hatte es so etwas schon gegeben?

„Unglaublich!", brummte der Schützenhauptmann und kaute verlegen an seinem Schnurrbart. Er wäre vor Schande am liebsten in Grund und Boden versunken. Er ahnte ja nicht, dass die kleine Hexe ihm und den anderen Schützen die Schießgewehre verhext hatte.

Aber die Ochsenwirtskinder, die ahnten es! Sie wurden mit jedem Schuss, der danebenging, lustiger. „Wunderbar!", riefen sie, „wunderbar!"

Als der letzte Schütze geschossen hatte, stupste die kleine Hexe den Thomas an: „Jetzt geh du hin!"

„Was soll ich dort?"

„Schießen!"

Der Junge verstand. Er drängte sich vor, auf den freien Platz vor der Stange.

„Ich werde den Adler herunterschießen."

„Du Knirps?", rief der Schützenhauptmann und wollte ihn wieder wegschicken. Aber da lärmten die Leute: „Nein, er soll schießen! Wir wollen es!" Sie versprachen sich einen besonderen Spaß davon.

Ärgerlich sagte der Schützenhauptmann: „Von mir aus. Er wird nicht viel Glück haben."

Thomas ergriff eine Büchse. Er legte an wie ein Alter und zielte.

Die Leute hielten den Atem an. Sie stellten sich auf die Zehenspitzen und blickten gespannt nach dem Adler.

Es blitzte, es knallte. Der Adler fiel von der Stange herunter – und Thomas war Schützenkönig!

„Juchhe!", riefen alle und schwenkten die Hüte. „Der Thomas soll leben! Der Thomas vom Ochsenwirt hat den Ochsen gewonnen!"

Sie stürmten den Festplatz und hoben den glücklichen Schützen hoch.

„Auf den Ochsen mit ihm! Auf den Ochsen!"

„Mich auch!", rief die Vroni.

„Komm rauf!", sagte Thomas. „Es ist ja auch dein Ochse!"

Wenn es nach ihnen gegangen wäre, so hätten die beiden auch gleich noch die kleine Hexe heraufgeholt auf den Rücken des Ochsen Korbinian. Aber die wollte nicht. Thomas und Vroni mussten allein auf dem Ochsen zur Stadt reiten.

Vorneweg zog die Schützenkapelle und blies einen lustigen Marsch nach dem anderen. Hintennach folgten mit sauren Mienen der Hauptmann und seine Schützen. Die Leute winkten begeistert und riefen: „Bravo! Hoch lebe der Schützenkönig!"

Ein Herr von der Zeitung drängte sich unterwegs an die Kinder heran. Er schlug das Notizbuch auf, zückte den Bleistift und fragte: „Wann soll nun der Ochse gebraten werden?"

„Der Ochse wird überhaupt nicht gebraten", entgegnete Thomas. „Der kommt in den Stall und dort bleibt er."

Die Glocken klangen, die Böller knallten und niemand bemerkte die kleine Hexe, die hinter dem Festzelt zufrieden auf ihren Besen stieg und davonritt.

„Das ist dir mal wieder gelungen!", lobte Abraxas. „Ich denke, du hast deine Freitagshexerei damit wettgemacht."

Der Maronimann

Es war Winter geworden. Um das Hexenhaus heulte der Schneesturm und rüttelte an den Fensterläden. Der kleinen Hexe machte das wenig aus. Sie saß nun tagaus, tagein auf der Bank vor dem Kachelofen und wärmte sich den Rücken. Ihre Füße steckten in dicken Filzpantoffeln. Von Zeit zu Zeit klatschte sie in die Hände – und jedes Mal, wenn sie klatschte, sprang eines der Holzscheite, die in der Kiste neben dem Ofen lagen, von selbst in das Feuerloch. Wenn sie aber gerade einmal Appetit auf Bratäpfel hatte, so

brauchte sie nur mit den Fingern zu schnalzen. Da kamen sofort ein paar Äpfel aus der Vorratskammer gerollt und hüpften ins Bratrohr.

Dem Raben Abraxas gefiel das. Er versicherte immer wieder aufs Neue: „So lässt sich der Winter ganz gut aushalten!"

Aber die kleine Hexe verlor mit der Zeit allen Spaß an dem faulen Leben. Eines Tages erklärte sie missmutig: „Soll ich vielleicht den ganzen Winter lang auf der Ofenbank sitzen und mir den Rücken wärmen? Ich brauche mal wieder Bewegung und frische Luft um die Nase. Komm, lass uns ausreiten!"

„Was!", rief Abraxas entsetzt. „Wofür hältst du mich eigentlich? Bin ich ein Eisvogel? Nein, diese Lausekälte ist nichts für mich! Besten Dank für die Einladung! Bleiben wir lieber daheim in der warmen Stube!"

Da sagte die kleine Hexe: „Na schön, wie du willst! Von mir aus kannst du zu Hause bleiben, dann reite ich eben allein. Vor der Kälte ist mir nicht bange, ich werde mich warm genug anziehen."

Die kleine Hexe zog sieben Röcke an, immer einen über den anderen. Dann band sie das große wollene Kopftuch um, fuhr in die Winterstiefel und streifte sich zwei Paar Fäustlinge über. So ausgerüstet, schwang sie sich auf den Besen und flitzte zum Schornstein hinaus.

Bitterkalt war es draußen! Die Bäume trugen dicke, weiße Mäntel. Moos und Steine waren unter dem

Schnee verschwunden. Hie und da führten Schlitten-
spuren und Fußstapfen durch den Wald.

Die kleine Hexe lenkte den Besen zum nächsten
Dorf. Die Höfe waren tief eingeschneit. Der Kirchturm
trug eine Pudelmütze von Schnee. Aus allen Schorn-
steinen stieg der Rauch auf. Die kleine Hexe hörte
im Vorüberreiten, wie die Bauern und ihre Knechte
in den Scheunen das Korn droschen: rum-pum-pum,
rum-pum-pum.

Auf den Hügeln hinter dem Dorf wimmelte es von
Kindern, die Schlitten fuhren. Auch Skifahrer waren
darunter. Die kleine Hexe sah ihnen zu, wie sie um
die Wette bergab sausten. Kurze Zeit später kam auf
der Straße ein Schneepflug gefahren. Dem folgte
sie eine Weile nach; dann schloss sie sich einem
Schwarm Krähen an, der zur Stadt flog.

Ich will in die Stadt hineingehen, dachte sie, um
mich ein wenig warm zu laufen. Inzwischen war es
ihr nämlich trotz der sieben Röcke und zwei Paar
Fäustlinge jämmerlich kalt geworden.

Den Besen brauchte sie diesmal nicht zu verste-
cken, sie schulterte ihn. Nun sah sie aus wie ein ganz
gewöhnliches altes Mütterchen, das zum Schnee-
räumen ging. Niemand, der ihr begegnete, dachte
sich etwas dabei. Die Leute hatten es alle eilig und
stapften mit eingezogenen Köpfen an ihr vorüber.

Gar zu gern hätte die kleine Hexe wieder einmal einen Blick in die Schaufenster der Geschäfte geworfen. Aber die Scheiben waren ganz mit Eisblumen bedeckt. Der Stadtbrunnen war zugefroren und von den Wirtshausschildern hingen lange Eiszapfen.

Auf dem Marktplatz stand eine schmale, grün gestrichene Holzbude. Davor stand ein eisernes Öfchen; und hinter dem Öfchen stand, mit dem Rücken zur Bude, ein kleines, verhutzeltes Männlein. Das trug einen weiten Kutschermantel und Filzschuhe. Den Kragen hatte es hochgeklappt und die Mütze hatte es tief ins Gesicht gezogen. Von Zeit zu Zeit nieste das Männlein. Die Tropfen fielen dann stets auf die glühende Ofenplatte und zischten.

„Was machst du da?", fragte die kleine Hexe das Männlein.

„Siehst du das nicht? Ich – haptschi! –, ich brate Maroni."

„Maroni? Was ist das?"

„Kastanien sind es", erklärte das Männlein. Dann hob es den Deckel vom Öfchen und fragte sie: „Möchtest du welche? Zehn Pfennig die kleine Tüte und zwanzig die große. Ha-a-ptschi!"

Der kleinen Hexe stieg der Duft der gerösteten Kastanien in die Nase. „Ich möchte ganz gern einmal davon kosten, aber ich habe kein Geld mit."

„Dann will ich dir ausnahmsweise ein paar umsonst geben", sagte das Männlein. „Bei dieser Bärenkälte wirst du was Warmes vertragen können. Haptschi, dass es wahr ist!"

Das Männlein schnäuzte sich in die Finger. Dann langte es eine Handvoll Kastanien aus dem Bratrohr und tat sie in eine Tüte von braunem Packpapier. Die gab es der kleinen Hexe und sagte: „Da, nimm sie! Aber bevor du sie in den Mund steckst, musst du sie abschälen."

„Danke schön", sagte die kleine Hexe und kostete. „Hm, die sind gut!", rief sie überrascht; und dann meinte sie: „Weißt du, dich könnte man fast beneiden! Du hast eine leichte Arbeit und brauchst nicht zu frieren, weil du am warmen Ofen stehst."

„Sag das nicht!", widersprach das Männlein. „Wenn man den ganzen Tag in der Kälte steht, friert man trotzdem. Da hilft auch das eiserne Öfchen nichts. Daran verbrennt man sich höchstens die Finger, wenn man die heißen Maroni herausholt. – Haptschi! – Aber sonst? Meine Füße sind ein Paar Eiszapfen, sage ich dir! Und die Nase erst! Ist sie nicht rot wie eine Christbaumkerze? Den Schnupfen werde ich nicht mehr los. Es ist zum Verzweifeln!"

Wie zur Bekräftigung nieste das Männlein schon wieder. Es nieste so herzzerreißend, dass die Holzbude wackelte und der Markt davon widerhallte.

Da dachte die kleine Hexe: Dem können wir abhelfen! Wart mal ... Und sie murmelte einen Zauberspruch, aber heimlich.

Dann fragte sie: „Ist dir noch immer kalt an den Zehen?"

„Im Augenblick nicht mehr", sagte das Männlein. „Ich glaube, die Kälte hat etwas nachgelassen. Ich merke es an der Nasenspitze. Wie kommt das nur?"

„Frag mich nicht", sagte die kleine Hexe, „ich muss jetzt nach Hause reiten."

„Nach Hause – reiten?!"

„Habe ich etwas von reiten gesagt? Du wirst dich verhört haben."

„Muss wohl so sein", überlegte das Männlein. „Auf Wiedersehen!"

„Auf Wiedersehen", sagte die kleine Hexe. „Und danke schön!"

„Bitte sehr, bitte sehr, keine Ursache!"

Bald danach kamen zwei Buben über den Marktplatz gelaufen, die riefen: „Schnell, schnell, Herr Maronimann! Jedem von uns für ein Zehnerl!"

„Jawohl, bitte schön, zweimal für ein Zehnerl!"

Der Maronimann griff in das Bratrohr.

Aber zum ersten Mal in seinem ganzen langen Maronimannleben verbrannte er sich an den heißen Kastanien nicht die Finger. Er verbrannte sie sich überhaupt nie mehr. Und es fror ihn auch nie mehr an den Zehen. Und auch an der Nase nicht. Der Schnupfen war für alle Zeiten wie weggeblasen. Und wenn er doch einmal wieder niesen wollte, so musste der gute Maronimann eine Prise Schnupftabak nehmen.

Besser als sieben Röcke

Als die kleine Hexe ums Dunkelwerden wieder nach Hause kam, wollte der Rabe Abraxas gleich wissen, wie es ihr auf dem Ausritt ergangen sei. Aber die kleine Hexe entgegnete zähneklappernd: „D-das w-will ich dir sp-päter erzählen. Zuallererst m-muss ich mir einen T-Tee kochen, w-weil mir so k-kalt ist, d-dass ich k-kaum sp-prechen kann."

„Siehst du wohl!", krächzte Abraxas, „das hast du nun davon, dass du bei dieser Hundekälte unbedingt ausreiten musstest! Aber du hast ja nicht auf mich hören wollen!"

Die kleine Hexe kochte sich einen großen Topf Kräutertee. Den süßte sie mit viel Zucker. Dann schlürfte sie von dem heißen Gebräu. Das tat ihr sehr wohl und bald wurde ihr wieder wärmer. Da zog sie die sieben Röcke bis auf den untersten aus, streifte Schuhe und Strümpfe ab, fuhr in die Filzpantoffeln und sagte: „Dass ich erbärmlich gefroren habe, will ich ja nicht bestreiten. Aber ich sage dir: Schön war es trotzdem!"

Sie setzte sich auf die Ofenbank und begann zu erzählen.

Der Rabe Abraxas hörte ihr schweigend zu.

Erst nach der Geschichte mit dem Maronimann unterbrach er sie und warf ein: „Also weißt du, allmählich verstehe ich überhaupt nichts mehr! Diesem Maronimann hilfst du mit deiner Hexerei gegen die Kälte, aber dir selbst hast du nicht geholfen? Was soll man da als vernünftiger Rabe sagen?"

„Wie meinst du das?", fragte die kleine Hexe.

„Wie werde ich das schon meinen! Wenn ich du wäre und hexen könnte, dann brauchte ich ganz gewiss keinen Kräutertee, um mich aufzuwärmen! Ich würde es gar nicht erst so weit kommen lassen!"

„Aber ich habe doch alles getan, was ich tun konnte!", sagte die kleine Hexe. „Ich habe mir zwei Paar Fäustlinge angezogen, die Winterstiefel, das wollene Kopftuch und sieben Röcke ..."

„Ach was!", rief Abraxas. „Ich wüsste ein Mittel gegen den Frost, das ist besser als sieben Röcke!"

„Besser als sieben Röcke?"

„Viel besser! So wahr ich ein Rabe bin und Abraxas heiße!"

Die kleine Hexe verstand ihn noch immer nicht. „Sag mir", bat sie ihn, „was ich nach deiner Meinung versäumt habe. Aber du musst es schon deutlicher sagen und darfst nicht immer in Rätseln sprechen."

„Spreche ich etwa in Rätseln?", fragte Abraxas. „Die Sache ist doch so klar wie nur was! Wenn du hexen kannst, dass der Maronimann nicht zu frieren braucht – warum kannst du dann, bitte sehr, nicht das Gleiche für dich hexen?"

„Ach!", rief die kleine Hexe und fasste sich an die Stirn, „das ist wahr! Wie kommt es nur, dass mir das nicht schon früher eingefallen ist? Du hast recht! Wozu bin ich denn eigentlich eine Hexe?"

„Eben, eben", stimmte Abraxas zu. „Manchmal scheinst du es ganz zu vergessen. Nur gut, dass du

jemanden hast, der dich ab und zu wieder daran erin-
nert!"

Die kleine Hexe nickte zu diesen Worten eifrig und
sagte: „Ja, ja, du bist wirklich der weiseste Rabe, der
jemals aus einem Ei geschlüpft ist! Selbstverständlich werde ich deinen Rat auf der Stelle befolgen. Und
wenn es dir recht ist, so will ich auch dich mit dem
Hexenspruch gegen die Kälte besprechen, damit du
in Zukunft nicht mehr daheim bleiben musst, wenn
ich ausreite."

„Einverstanden!", sagte Abraxas, „du darfst ruhig
auch mir einmal etwas Gutes tun!"

Da hexte die kleine Hexe, dass sie und der Rabe
nicht mehr zu frieren brauchten. Von nun an konnten
sie auch bei der grimmigsten Kälte spazieren reiten,
ohne dass sie vom Frost etwas spürten. Sie brauchten
sich weder besonders dick anzuziehen, noch hatten
sie hinterher einen Kräutertee nötig.

Und Schnupfen bekamen sie auch nicht, obwohl
sie von jetzt an fast jeden Tag unterwegs waren.

Schneemann, Schneemann, braver Mann!

Es war ein schöner, sonniger Wintertag. Der Himmel erstrahlte in klarem Blau. Der Schnee leuchtete weiß und rein wie ein frisch gewaschenes Leintuch. Die kleine Hexe saß mit dem Raben Abraxas am Waldrand und sonnte sich. Auf einmal vernahmen sie Kinderstimmen und fröhlichen Lärm in der Nähe. Die kleine Hexe schickte den Raben Abraxas aus, dass er nachsehe, was es da gäbe.

Als er nach einer Weile zurückkehrte, sagte er: „Ein paar Kinder sind es, so kleine Stöpsel von sechs oder sieben Jahren. Die bauen sich auf der Wiese, hinter den Hecken dort, einen Schneemann."

„Den muss ich mir ansehen!", sagte die kleine Hexe. Und weil es ja bis zu der Wiese hinter den Hecken nicht weit war, ging sie zu Fuß hin.

Der Schneemann war eben fertig geworden. Er trug im Gesicht eine lange Mohrrübennase und Augen aus Kohlenstückchen. Sein Hut war ein alter, verbeulter Kochtopf. In der rechten Hand hielt er stolz einen Reisigbesen.

Die Kinder bemerkten die kleine Hexe nicht, als sie hinter der Hecke hervortrat. Sie hielten sich an den Händen gefasst und umtanzten den Schneemann.

Sie hüpften dabei von einem Bein auf das andere.
Dazu sangen sie:

    „Schneemann, Schneemann, braver Mann,
        hast ein weißes Röcklein an!
      Trägst auf deinem dicken Kopf
        einen alten Suppentopf!
      Rübennase im Gesicht –
  Schneemann, Schneemann, friert dich nicht?"

Die kleine Hexe freute sich über den prächtigen Schneemann und über die Kinder. Am liebsten hätte sie mitgetanzt.

Aber da kamen mit einem Mal aus dem nahen Wald ein paar große Jungen hervorgestürmt, sieben an der Zahl. Die stürzten sich mit Geschrei auf den Schneemann und warfen ihn um. Den Suppentopf traten sie mit den Füßen. Den Besenstiel brachen sie mitten entzwei. Und den Kindern, die eben noch fröhlich getanzt hatten, rieben sie die Gesichter mit Schnee ein.

Wer weiß, was sie sonst noch mit ihnen getrieben hätten, wenn nicht die kleine Hexe dazwischenge-fahren wäre.

„He!", rief sie zornig den Bengeln zu. „Wollt ihr die Kinder in Ruhe lassen! Ich verhaue euch mit dem Besen, wenn ihr nicht aufhört!"

Da liefen die großen Jungen davon. Aber der schö-ne Schneemann war hin. Darüber waren die Kinder sehr traurig und ließen die Köpfe hängen. Das konn-te die kleine Hexe verstehen. Sie wollte die Kinder trösten und riet ihnen: „Baut euch doch einen neuen Schneemann! Was meint ihr?"

Da sagten die Kinder: „Ach, wenn wir uns einen neuen Schneemann bauen, dann werden die großen Jungen den neuen Schneemann auch wieder umwerfen. Und außerdem haben wir keinen Besen mehr, den haben sie ja entzweigebrochen!"

„Ich glaube, das hat nur so ausgesehen", sagte die kleine Hexe und bückte sich nach dem zerbrochenen Besen. „Da – schaut ihn euch an!"

Sie zeigte den Kindern den Besen. Da sahen sie, dass er ganz war.

„Baut ihr nur ruhig!", machte die kleine Hexe den Kindern Mut. „Ihr braucht vor den großen Jungen keine Angst zu haben! Wenn sie noch einmal wiederkommen, dann werden sie ihren Lohn kriegen. Verlasst euch darauf!"

Die Kinder ließen sich überreden, sie bauten nun doch einen neuen Schneemann. Der wurde sogar noch viel schöner und stattlicher als der erste, denn diesmal half auch die kleine Hexe mit.

Als aber der neue Schneemann fertig war, dauerte es gar nicht lang und wieder kamen die sieben Bengel mit lautem Geschrei aus dem Wald gestürmt. Da erschraken die Kinder und wollten davonlaufen.

„Bleibt", rief die kleine Hexe, „und seht, was geschehen wird!"

Was geschah, als die sieben heranstürmten?

Plötzlich begann sich der neue Schneemann zu regen. Er schwang seinen Reisigbesen wie eine Keule und wandte sich gegen die großen Jungen.

84

Dem ersten haute er eins mit dem Besenstiel über die Pudelmütze. Dem zweiten versetzte er mit der linken Hand einen saftigen Nasenstüber. Den dritten und den vierten nahm er beim Wickel und stieß sie so ungestüm mit den Köpfen zusammen, dass es nur so rumste. Den fünften schleuderte er gegen den sechsten, dass beide der Länge nach hinfielen und auch den siebenten noch mit umrissen.

Als sie nun alle dalagen, packte der Schneemann den Besen und fegte damit einen hohen Schneehaufen über den Kerlen zusammen.

Das hatten sie nicht erwartet!

Sie wollten um Hilfe rufen, aber sie schluckten dabei nur Schnee. Verzweifelt zappelten sie mit Armen und Beinen. Als sie sich endlich mit vieler Mühe freigestrampelt hatten, suchten sie entsetzt das Weite.

Der Schneemann ging seelenruhig an seinen Platz zurück und erstarrte wieder. Da stand er nun, als ob gar nichts geschehen wäre.

Die Kinder jubelten, weil die großen Jungen nun ganz gewiss nie mehr kommen würden – und die kleine Hexe lachte über den gelungenen Streich so laut, dass ihr die Tränen in die Augen traten und der Rabe Abraxas erschrocken ausrief: „Aufhören, aufhören, sonst platzt du!"

Wollen wir wetten?

Wie kamen die beiden Messerwerfer auf die ver-
schneite Dorfstraße? Und seit wann gab es Cowboys und Indianer in dieser Gegend? Messerwerfer
mit roten Mützen und weiten Pluderhosen – und Indianer, die gräulich bemalte Gesichter hatten und
lange Speere über den Köpfen schwangen?

„Sie werden vom Zirkus sein", meinte der Rabe
Abraxas.

Aber die beiden Messerwerfer waren nicht vom
Zirkus und ebenso wenig die Cowboys und Indianer.
Auch die kleinen Chinesinnen und der Menschenfresser, die Indianerinnen, der Wüstenscheich und
der Seeräuber stammten nicht aus der Schaubude.
Nein, es war Fastnacht im Dorf! Und weil Fastnacht
war, hatten die Kinder am Nachmittag schulfrei
bekommen und tollten verkleidet über den Dorfplatz.

Die kleinen Prinzessinnen warfen Papierschlan-
gen. Der Seeräuber brüllte: „Uaaah! Uaah!" Der
Menschenfresser schrie: „Hungärrr! Hungärrr! Wer
will sich frrressen lassen?" Die Chinesenmädchen kreischten auf Chinesisch, die Indianerinnen
quietschten in der Indianersprache und die Cow-

boys schossen mit Stöpselpistolen in die Luft. Der Schornsteinfeger schwenkte seinen Pappzylinder, der Kasperl haute dem Wüstenscheich mit der Pritsche eins auf den Turban und der Räuberhauptmann Jaromir schnitt so grimmige Gesichter, dass ihm der angeklebte Schnurrbart nicht halten wollte und immer wieder herunterfiel.

„Siehst du die kleine Hexe dort?", fragte Abraxas nach einer Weile.

„Wo denn?"

„Na, dort vor dem Spritzenhaus! Die mit dem langen Besen!"

„Ach ja!", rief die kleine Hexe. „Die muss ich mir gleich aus der Nähe begucken!"

Sie lief zu der Fastnachtshexe und sagte: „Guten Tag!"

„Guten Tag!", sagte die Fastnachtshexe. „Bist du vielleicht meine Schwester?"

„Schon möglich", sagte die richtige kleine Hexe. „Wie alt bist du denn?"

„Zwölf Jahre. – Und du?"

„Einhundertsiebenundzwanzigeinhalb."

„Das ist gut!", rief die Fastnachtshexe. „Das muss ich mir merken! Von nun an sage ich, wenn mich die Kinder nach meinem Alter fragen: zweihundertneunundfünfzigdreiviertel!"

„Ich bin aber wirklich so alt!"

„Ja, ich weiß, du bist wirklich so alt! Und du kannst ja auch wirklich hexen und auf dem Besen reiten!"

„Und ob ich das kann!", rief die richtige kleine Hexe. „Was wetten wir?"

„Wetten wir lieber gar nichts", sagte die Fastnachtshexe. „Du kannst es ja doch nicht."

„Was wetten wir?", fragte die richtige kleine Hexe noch einmal.

Da lachte die Fastnachtshexe und rief: „Ihr Chinesenmädchen, kommt her! Und ihr bösen Zauberer und guten Feen, kommt auch her! Kommt alle her, Wüstenscheich, Indianerinnen und Menschenfresser! Hier steht eine kleine Hexe, die kann auf dem Besen reiten!"

„Nicht möglich!", sagte der Kasperl.

„Doch, doch!", rief die Fastnachtshexe. „Sie hat mit mir wetten wollen! Nun soll sie mal zeigen, ob sie die Wahrheit gesagt hat!"

Im Nu waren beide Hexen von allen Kindern umringt. Der Schornsteinfeger und der Räuberhauptmann Jaromir, der Kasperl und die Indianer, der Seeräuber, die bösen Zauberer und guten Feen – alle drängten sich lachend und schreiend auf einen Haufen.

„Halte uns nicht zum Narren!", riefen die Indianerinnen.

„Wir binden dich sonst an den Marterpfahl!", drohte der Indianer Blutige Wolke.

„Wenn du geschwindelt hast", brüllte der Menschenfresser, „dann werde ich dich zur Strafe auffressen! Hörst du? Du musst nämlich wissen, ich habe Hungärrr!"

„Friss mich nur ruhig auf, wenn du Hunger hast",
sagte die kleine Hexe. „Aber du musst dich dazuhal-
ten, weil ich sonst weg bin!"

Da wollte der Menschenfresser die kleine Hexe
beim Kragen packen. Aber die kleine Hexe war
schneller. Sie sprang auf den Besen – und hui!, war
sie hoch in den Lüften.

Der Menschenfresser plumpste vor Schreck auf den Allerwertesten. Cowboys und Indianern, Chinesenmädchen und Indianerinnen verschlug es die Sprache. Dem Wüstenscheich fiel der Turban herunter, der Räuberhauptmann vergaß das Grimassenschneiden. Blutige Wolke, der tapfere Indianerkrieger, erblasste unter der Kriegsbemalung. Der Schornsteinfeger wurde käsebleich; doch das sah ihm keiner an, denn er hatte sich das Gesicht ja glücklicherweise mit Ofenruß eingeschmiert.

Die kleine Hexe ritt lachend rund um den Dorfplatz. Dann setzte sie sich auf den Giebel des Spritzenhauses und winkte hinunter.

Der Rabe Abraxas hockte auf ihrer Schulter und krächzte: „He, ihr dort unten! Glaubt ihr nun, dass sie hexen kann?"

„Aber ich kann noch viel mehr hexen!", sagte die kleine Hexe. „Der Menschenfresser hatte doch solchen Hunger ..."

Sie spreizte die Finger und murmelte etwas. Da prasselte auf den Dorfplatz ein Regen von Fastnachtskrapfen und Pfannkuchen nieder! Jubelnd und jauchzend stürzten sich alle Kinder auf die fetten Bissen und aßen sich daran satt. Auch der Menschenfresser verschmähte die Krapfen nicht, obwohl es doch eigentlich gegen seine Gewohnheit war.

Nur die Fastnachtshexe aß nichts davon. Sie schaute der richtigen kleinen Hexe nach, die jetzt kichernd auf ihrem Besen davonritt, und dachte: Nein, so etwas, so etwas! Am Ende stimmt es nun doch, dass sie einhundertsiebenundzwanzigeinhalb Jahre alt ist ...

Fastnacht im Wald

„Fastnacht", meinte an diesem Abend der Rabe Abraxas, als sie daheim in der warmen Stube saßen und warteten, bis die Bratäpfel gar wären, „Fastnacht ist eine famose Sache! Nur schade, dass es bei uns im Wald keine Fastnacht gibt!"

„Fastnacht im Wald?", fragte die kleine Hexe und blickte von ihrem Strickstrumpf auf. „Warum soll es bei uns im Wald keine Fastnacht geben?"

Da sagte der Rabe: „Das weiß ich nicht. Aber es ist einmal so und es lässt sich nicht ändern."

Die kleine Hexe lachte in sich hinein, denn ihr war bei den Worten des Raben ein lustiger Einfall gekommen. Sie schwieg aber vorerst darüber, stand auf, ging zum Ofen und holte die Bratäpfel.

Als sie die Äpfel verspeist hatten, sagte sie: „Übrigens, lieber Abraxas – ich muss dich um einen Gefallen bitten … Flieg doch morgen früh durch den Wald und bestell den Tieren, die dir begegnen werden, sie möchten am Nachmittag alle zum Hexenhaus kommen!"

„Das kann ich schon machen", sagte Abraxas. „Nur werden die Tiere auch wissen wollen, warum du sie einlädst. – Was soll ich da antworten?"

„Antworte", sagte die kleine Hexe wie obenhin, „dass ich sie auf die Fastnacht einlade."

„Wie?", rief Abraxas, als ob er nicht recht gehört habe, „sagtest du: auf die Fastnacht?!"

„Ja", wiederholte die kleine Hexe, „ich lade sie auf die Fastnacht ein – auf die Fastnacht im Wald."

Auf dies hin bestürmte der Rabe Abraxas die kleine Hexe mit tausend Fragen. Was sie denn vorhabe, wollte er wissen; und ob es auf ihrer Fastnacht auch Chinesen und Indianer geben werde.

„Abwarten!", sagte die kleine Hexe. „Wenn ich dir heute schon alles verraten würde, dann hättest du morgen den halben Spaß daran."

Dabei blieb es.

Der Rabe Abraxas flog also am nächsten Tag durch den Wald und bestellte den Tieren, sie möchten am Nachmittag alle zum Hexenhaus kommen. Und wenn sie mit anderen Tieren zusammenträfen, dann

sollten sie denen das Gleiche bestellen. Je mehr auf die Fastnacht kämen, versicherte er, desto besser.

Am Nachmittag kam es auch richtig von allen Seiten herbeigeströmt: Eichhörnchen, Rehe und Hasen, zwei Hirsche, ein Dutzend Kaninchen und Scharen von Waldmäusen.

Die kleine Hexe hieß sie willkommen und sagte, als

alle versammelt waren: „Nun wollen wir Fastnacht feiern!"

„Wie macht man das?", piepsten die Waldmäuse.

„Heute soll jeder anders sein, als er sonst ist", erklärte die kleine Hexe. „Ihr könnt euch zwar nicht als Cowboys und Indianer verkleiden, aber dafür kann ich hexen!"

Sie hatte sich längst überlegt, was sie hexen wollte.

Den Hasen hexte sie Hirschgeweihe, den Hirschen hexte sie Hasenohren. Die Waldmäuse ließ sie wachsen, bis sie so groß wie Kaninchen waren, und die

Kaninchen ließ sie zusammenschrumpfen, dass sie wie Waldmäuse wurden. Den Rehen hexte sie rote, blaue und grasgrüne Felle, den Eichhörnchen hexte sie Rabenflügel.

„Und ich?", rief Abraxas. „Ich hoffe doch, dass du auch mich nicht vergessen wirst!"

„Aber nein", sprach die kleine Hexe. „Du kriegst einen Eichhörnchenschwanz!"

Sich selber hexte sie Eulenaugen und Pferdezähne. Da sah sie beinahe so hässlich aus wie die Muhme Rumpumpel.

Als sie nun alle verwandelt waren, hätte die Fastnacht beginnen können. Aber auf einmal vernahmen sie von drüben, vom Backofen her, eine heisere Stimme.

„Darf man da mitfeiern?", fragte die Stimme; und als sich die Tiere verwundert umschauten, kam um die Backofenecke ein Fuchs geschlichen.

„Ich bin zwar nicht eingeladen", sagte der Fuchs, „aber sicherlich werden die Herrschaften nichts dagegen haben, wenn ich so frei bin und trotzdem zur Fastnacht komme ..."

Die Hasen schüttelten ängstlich die Hirschgeweihe, die Eichhörnchen flatterten vorsichtshalber aufs Hexenhaus und die Waldmäuse drängten sich Schutz suchend hinter die kleine Hexe.

„Fort mit ihm!", riefen entsetzt die Kaninchen. „Das fehlte noch! Nicht einmal sonst sind wir sicher vor diesem Halunken! Und jetzt, wo wir klein sind wie Waldmäuse, ist es erst recht gefährlich!"

Der Fuchs tat beleidigt. „Bin ich den Herrschaften etwa nicht fein genug?" Schwanzwedelnd bat er die kleine Hexe: „Lasst mich doch mitmachen!"

„Wenn du versprichst, dass du niemandem etwas zuleidetust ..."

„Das verspreche ich", sagte er scheinheilig. „Ich verpfände mein Wort dafür. Wenn ich es brechen sollte, will ich mein Leben lang nur noch Kartoffeln und Rüben fressen!"

„Das würde dir schwerfallen", sagte die kleine Hexe. „Wir wollen es lieber gar nicht erst so weit kommen lassen!" Und weil sie den schönen Reden misstraute, so hexte sie kurz entschlossen dem Fuchs einen Entenschnabel.

Jetzt konnten die anderen Tiere beruhigt sein, denn es war ihm beim besten Willen nicht möglich, sie aufzufressen. Sogar die zusammengeschrumpften Kaninchen brauchten ihn nicht zu fürchten.

Die Fastnacht im Wald dauerte bis in den späten Abend. Die Eichhörnchen spielten Fangen, der Rabe Abraxas neckte die bunten Rehe mit seinem buschigen Schwanz, die Kaninchen hopsten dem Fuchs vor dem Schnabel herum und die Waldmäuse machten Männchen und piepsten den Hirschen zu: „Bildet euch ja nichts ein, ihr seid auch nicht viel größer als wir!" Die Hirsche nahmen es ihnen nicht weiter übel; sie stellten abwechselnd einmal das linke und einmal das rechte Hasenohr auf und im Übrigen dachten sie: Fastnacht ist Fastnacht!

Zuletzt, als der Mond schon am Himmel stand, sagte die kleine Hexe: „Nun wird es allmählich Zeit, dass wir Schluss machen. Aber bevor ihr nach Hause geht, sollt ihr noch etwas zu fressen bekommen!"

Sie hexte den Rehen und Hirschen ein Fuder Heu vor, den Eichhörnchen einen Korb voller Haselnüsse, den Waldmäusen Haferkörner und Bucheckern. Den Kaninchen und Hasen spendierte sie je einen halben Kohlkopf. Zuvor aber hexte sie alle Tiere in ihre gewöhnliche Größe, Gestalt und Farbe zurück – nur den Fuchs nicht.

„Entschuldige", schnatterte der Fuchs mit dem Entenschnabel, „kann ich nicht auch meine Schnauze zurückbekommen? Und wenn du den Rehen und Hasen zu fressen gibst – warum mir nicht?"

„Gedulde dich", sagte die kleine Hexe, „du sollst nicht zu kurz kommen! Wart nur, bis sich die ande-

ren Gäste empfohlen haben. Bis dahin – du weißt schon!"

Der Fuchs musste warten, bis auch die letzte Waldmaus in ihrem Loch war. Dann endlich befreite die kleine Hexe auch ihn von dem Entenschnabel. Erleichtert fletschte der Fuchs die Zähne und machte sich heißhungrig über die Knackwürste her, die jetzt plötzlich vor seiner Nase im Schnee lagen.

„Schmecken sie?", fragte die kleine Hexe.

Aber der Fuchs war so sehr mit den Würsten beschäftigt, dass er ihr keine Antwort gab – und das war ja, im Grund genommen, auch eine Antwort.

Der Kegelbruder

Die Sonne hatte dem Winter Beine gemacht. Das Eis war dahingeschmolzen, der Schnee war zerronnen. Schon blühten an allen Ecken und Enden die Frühlingsblumen. Die Weiden hatten sich stattlich mit silbernen Kätzchen herausgeputzt, den Birken und Haselbüschen schwollen die Knospen.

Kein Wunder, dass alle Menschen, denen die kleine Hexe in diesen Tagen begegnete, frohe Gesichter machten. Sie freuten sich über den Frühling und dachten: Wie gut, dass der Winter endlich vergangen ist! Wir haben uns lang genug mit ihm plagen müssen!

Einmal spazierte die kleine Hexe zwischen den Feldern dahin. Da hockte am Rain eine Frau, die so kümmerlich dreinschaute, dass es der kleinen Hexe zu Herzen ging.

„Was hast du denn?", fragte sie teilnahmsvoll. „Passt denn ein solches Gesicht zu dem schönen Wetter? Du hast wohl noch gar nicht gemerkt, dass Frühling ist!"

„Frühling?", sagte die Frau mit trauriger Stimme. „Ach ja, du magst recht haben. Aber was nützt mir das? Frühling und Winter, für mich ist es immer das Gleiche. Der gleiche Ärger, die gleichen Sorgen. Am liebsten möchte ich tot sein und unter dem Rasen liegen."

„Na, na!", rief die kleine Hexe. „Wer wird denn in deinem Alter vom Sterben reden! Erzähl mir lieber, was dich bedrückt, und dann wollen wir sehen, ob ich dir helfen kann."

„Mir kannst du bestimmt nicht helfen", seufzte die Frau. „Aber ich kann dir ja meine Geschichte trotzdem erzählen. Es handelt sich nämlich um meinen Mann. Der ist Schindelmacher. Als Schindelmacher verdient man sich keine Reichtümer. Aber wir hätten

an dem, was die Schindelmacherei einbringt, genug,
um nicht hungern zu müssen. Wenn nur mein Mann
nicht das ganze Geld auf der Kegelbahn durchbrin-
gen würde! Was er am Tag mit der Arbeit verdient,
das verjubelt er Abend für Abend bei seinen Kegelbrüdern im Wirtshaus. Für mich und die Kinder bleibt
nichts davon übrig. – Ist das kein Grund, dass ich
mich unter die Erde wünsche?"

„Ja hast du denn nie versucht, deinem Mann ins Gewissen zu reden?", fragte die kleine Hexe.

„Und wie ich geredet habe!", sagte die Frau. „Aber eher könnte man einen Stein erweichen. Er hört nicht auf mich, es ist alles umsonst geredet."

„Wenn Worte nicht helfen, dann muss man ihm eben auf andere Weise beikommen!", meinte die kleine Hexe. – „Bring mir morgen früh ein paar Haare von deinem Mann. Es genügt schon ein kleines Büschel. Dann wollen wir weitersehen."

Die Schindelmacherin tat, was die kleine Hexe von ihr verlangt hatte.

Anderntags in der Frühe kam sie heraus an den Feldrain und brachte ein Büschel Haare von ihrem Mann mit. Das gab sie der kleinen Hexe und sagte: „Ich habe ihm heute Nacht, als er schlief, dieses Haarbüschel abgeschnitten. Hier hast du es! Aber ich kann mir nicht denken, wozu es dir nützen soll."

„Dir und nicht mir soll es nützen!", sagte die kleine Hexe geheimnisvoll. „Geh jetzt nach Hause und wart in Ruhe ab, was geschehen wird. Deinem Mann soll die Freude am Kegeln gründlich vergehen! Noch ehe die Woche um ist, wird er kuriert sein!"

Die Frau ging nach Hause und wusste sich keinen Reim darauf. Aber die kleine Hexe wusste dafür umso besser, was sie zu tun hatte. Sie verscharrte die Haare des Schindelmachers am nächsten Kreuzweg. Dazu sprach sie allerlei Zaubersprüche. Zuletzt kratzte sie mit dem Fingernagel genau an der Stelle, wo sie die Haare vergraben hatte, ein Hexenzeichen in den Sand. Dann sagte sie augenzwinkernd zum Raben Abraxas: „Erledigt! Nun kann sich der Schindelmacher auf etwas gefasst machen!"

Der Schindelmacher ging auch an diesem Abend wieder zum Kegeln. Er trank mit den anderen Kegelbrüdern sein Bier und dann fragte er: „Wollen wir anfangen?"

„Fangen wir an!", riefen alle.

„Und wer soll den ersten Schub tun?"

„Der danach fragt!", hieß es.

„Gut", lachte der Schindelmacher und griff nach der Kegelkugel, „dann will ich mal gleich alle neune schieben. Passt auf, wie sie purzeln werden!"

Erst holte er mächtig aus und dann schob er.

Die Kugel rollte mit Rumpeldiepumpel über die Kegelbahn. Wie ein Kanonenschlag krachte sie unter die Kegel. Rumms!, flog dem Kegelkönig der Kopf ab! Die Kugel schoss weiter und schlug mit Getöse ein großes Loch in die Bretterwand.

„Hoi, Schindelmacher!", riefen die Kegelbrüder. „Was machst du denn? Willst du die Kegelbahn einreißen?"

„Sonderbar", brummte der Schindelmacher. „Es muss an der Kugel gelegen haben. Das nächste Mal nehme ich eine andere."

Als er das nächste Mal an die Reihe kam, ging es ihm aber noch schlechter, obwohl er von allen Kugeln die Kleinste genommen hatte. Zwei Kegel riss sie in Stücke, dass die Splitter dem Kegeljungen nur so um die Ohren schwirrten – und wiederum schlug sie ein Loch in die Wand.

„Hör mal!", drohten die Kegelbrüder dem Schindelmacher. „Entweder schiebst du von jetzt an ein bisschen sanfter oder wir lassen dich nicht mehr mitkegeln!"

Der Schindelmacher versprach ihnen hoch und heilig: „Ich werde mir Mühe geben!"

Beim dritten Mal schob er so sachte und vorsichtig, wie er sein Lebtag noch nicht geschoben hatte. Er stupste die Kugel nur mit zwei Fingern an – aber pardauz!, fuhr sie zwischen die Kegel und prallte mit solcher Gewalt an den Eckpfosten, dass sie ihn mittendurch schlug!

Da knickte der Pfosten um und nun krachte die halbe Decke herunter. Es hagelte Bretter und Balkentrümmer; Latten, Leisten und Dachziegel prasselten nieder.

Es ging zu wie bei einem Erdbeben.

Schreckensbleich starrten die Kegelbrüder einander an. Als sie sich aber vom ersten Entsetzen erholt hatten, packten sie ihre Bierkrüge, warfen sie wutentbrannt nach dem Schindelmacher und riefen: „Hinaus mit dir! Mach, dass du fortkommst! Mit so einem, der uns die Kegelbahn kurz und klein kegelt, wollen wir nichts zu schaffen haben! Kegel von nun an, mit wem du willst – aber hier ist es aus damit!"

Wie es dem Schindelmacher an diesem Abend ergangen war, so erging es ihm auch an den folgenden Abenden auf den anderen Kegelbahnen im Dorf und in den Nachbardörfern. Spätestens nach dem dritten Schub kam die Decke heruntergerumpelt. Dann flogen die Bierkrüge nach dem Schindelmacher und die Kegelbrüder wünschten ihn auf den Mond. Noch ehe die Woche um war, durfte er nirgends mehr mitkegeln. Wo er auch auftauchte, hieß es: „Um Gottes willen, der Schindelmacher! Schnell, schnell, lasst die Kegel verschwinden und packt die Kugeln weg! Dieser Mensch darf sie nicht in die Finger kriegen, sonst gibt es ein Unglück!"

Zum Schluss blieb dem Schindelmacher nichts anderes übrig, als ein für alle Mal von der Kegelei abzulassen. Statt Abend für Abend ins Wirtshaus zu gehen, blieb er nun immer zu Hause. Das machte ihm anfangs zwar keinen Spaß; aber mit der Zeit gewöhnte er sich daran, denn auch dafür hatte die kleine Hexe mit ihrem Zauberspruch vorgesorgt.

Der Frau und den Kindern war nun geholfen. Von jetzt an brauchten sie nicht mehr zu hungern – und damit konnte die kleine Hexe zufrieden sein.

Festgehext!

Der Rabe Abraxas war ein eingefleischter Junggeselle. Er pflegte zu sagen: „Als Junggeselle lebt man bei Weitem bequemer. Erstens braucht man kein Nest zu bauen. Zweitens braucht man sich nicht mit einer Frau herumzuärgern. Und drittens bleibt es einem erspart, dass man Jahr um Jahr für ein halbes Dutzend hungriger Rabenkinder sorgen muss. Zuerst fressen sie einen arm und dann fliegen sie sowieso ihrer Wege. Ich weiß das von meinen Geschwistern, die alle seit Langem verheiratet sind, und ich möchte mit keinem von ihnen tauschen."

Der Lieblingsbruder des Raben Abraxas hieß Kräx. Er hatte sein Nest auf der alten Ulme am Ufer des Entenweihers im Nachbardorf. Ihn besuchte Abraxas einmal in jedem Jahr, und zwar in der Zeit zwischen Ostern und Pfingsten. Dann hatte seine Schwägerin

die neuen Eier zwar schon gelegt, aber sie hatte sie
noch nicht ausgebrütet. Da brauchte Abraxas nicht
zu befürchten, dass er dem Bruder und seiner Schwägerin helfen musste, ihre gefräßigen Rabenküken zu
füttern.

Als er diesmal von seinem Besuch bei Kräxens
zurückkehrte, merkte es ihm die kleine Hexe von
Weitem an, dass etwas nicht stimmte. Sie fragte ihn:
„Ist deinem Bruder Kräx etwas zugestoßen?"

„Glücklicherweise noch nicht", antwortete Abraxas. „Aber mein Bruder und seine Frau sind in gro-
ßer Sorge. Es strolchen dort in der Gegend seit eini-
gen Tagen zwei Jungen herum, die steigen auf alle

Bäume und heben die Nester aus. Vorgestern haben sie ein Amselnest ausgeplündert und gestern das Nest eines Elsternpaares. Die Eier haben sie eingesteckt und die Nester haben sie in den Entenweiher geworfen. Mein Bruder Kräx ist verzweifelt. Wenn das so weitergeht, wird auch sein eigenes Nest über kurz oder lang an die Reihe kommen."

Da sagte die kleine Hexe: „Dein Bruder Kräx braucht sich nicht zu fürchten. Flieg zurück und bestell ihm einen Gruß von mir. Wenn die Jungen zu ihm auf die Ulme steigen, dann soll er hierhereilen und es mir sagen. Ich werde ihm diese Tunichtgute vom Leib schaffen!"

„Willst du das wirklich tun?", rief Abraxas. „Du bist eine gute Hexe, da sieht man's wieder! Die Oberhexe wird an dir Freude haben! Ich fliege sofort zu Kräxens und richte es ihnen aus!"

Es vergingen nun einige Tage, ohne dass etwas geschah, und die kleine Hexe dachte schon längst nicht mehr an die beiden Nesträuber. Aber eines Nachmittags gegen Ende der Woche kam Bruder Kräx atemlos angeflattert. „Sie sind da, sie sind da!", krächzte er schon von Weitem. „Komm schnell, kleine Hexe, bevor es zu spät ist!"

Die kleine Hexe war eben dabei gewesen, Kaffee zu mahlen. Sie stellte nun gleich die Kaffeemühle auf den Küchentisch, rannte nach ihrem Besen und sauste mit Windeseile zum Entenweiher. Die Brüder Kräx und Abraxas vermochten ihr kaum zu folgen, so schnell ging das über den Wald hin.

Die beiden Jungen waren inzwischen schon hoch auf der alten Ulme. Sie konnten das Rabennest fast erreichen. Die Kräxin hockte auf ihren Eiern und zeterte.

„Heda, ihr zwei!", rief die kleine Hexe. „Was macht ihr da? Kommt herunter!"

Die beiden erschraken. Dann sahen sie aber, dass nur eine alte Frau nach ihnen gerufen hatte. Da steckte der eine Bengel der kleinen Hexe die Zunge heraus und der andere drehte ihr eine lange Nase.

„Ich sage euch, kommt herunter!", drohte die kleine Hexe, „sonst setzt's was!"

Die Jungen lachten sie aber nur aus und der eine entgegnete frech: „Komm doch rauf, wenn du kannst! Wir bleiben hier oben sitzen, so lange wir Lust haben. Bäh!"

„Also gut!", rief die kleine Hexe, „von mir aus bleibt oben!"

Sie hexte die beiden Nesträuber fest. Da konnten sie weder vorwärts- noch rückwärtsklettern. Sie blieben dort kleben, wo sie gerade saßen, als wären sie angewachsen.

Nun fielen Abraxas und das Ehepaar Kräx mit den Schnäbeln und Krallen über die beiden her. Sie zwickten und hackten und kratzten sie, dass an den Jungen kein heiler Fleck blieb. Da fingen die Eierdiebe in ihrer Verzweiflung zu schreien an; und sie schrien so laut und erbärmlich um Hilfe, dass auf den Lärm hin das halbe Dorf an dem Entenweiher zusammenlief.

„Um Himmels willen, was gibt es denn?", fragten die Leute erschrocken. – „Ach, seht mal, das ist ja der Schneider-Fritz und der Schuster-Sepp! Wollten die etwa das Rabennest ausnehmen? Na, das geschieht ihnen recht! Wohl bekomm's ihnen! Warum müssen sie auch auf die Bäume steigen und Eier stehlen?"

Kein Mensch hatte Mitleid mit ihnen. Den Leuten erschien es nur sonderbar, dass der Fritz und der Sepp nicht Reißaus nahmen.

Selbst als die Raben endlich von ihnen abließen, blieben sie oben hocken.

„So kommt doch herunter, ihr beiden Helden!", riefen die Leute.

„Wir können nicht!", jammerte Schusters Sepp, und der Schneider-Fritz heulte: „Hu-huuuh, wir sind festgewachsen! Es geht nicht!"

Das Ende vom Lied war, dass die Feuerwehr ausrücken musste. Die Feuerwehrleute legten die große Leiter an und holten die beiden Tropfe herunter. Das glückte der Feuerwehr freilich nur, weil die kleine Hexe den Fritz und den Sepp gerade im rechten Augenblick wieder losgehext hatte.

Vor dem Hexenrat

Das Hexenjahr neigte sich langsam dem Ende zu, die Walpurgisnacht rückte näher und näher. Jetzt wurde es ernst für die kleine Hexe. Sie wiederholte in diesen Tagen gewissenhaft alles, was sie gelernt hatte. Noch einmal ging sie das Hexenbuch Seite für Seite durch. Es klappte mit ihrer Hexerei wie am Schnürchen.

Drei Tage vor der Walpurgisnacht kam die Muhme Rumpumpel geritten.

Sie stieg aus der schwarzen Wolke und sagte: „Ich komme im Auftrag der Oberhexe und lade dich vor den Hexenrat. Übermorgen um Mitternacht ist die Prüfung. Dann sollst du am Kreuzweg hinter dem roten Stein in der Heide sein. – Du brauchst aber, wenn du es dir überlegt haben solltest, auch nicht zu kommen …"

„Da gibt es doch gar nichts zu überlegen!", sagte
die kleine Hexe.

„Wer weiß?", entgegnete achselzuckend die Hexe
Rumpumpel. „Vielleicht ist es trotzdem klüger, wenn
du daheimbleibst. Ich werde dich gern bei der Oberhexe entschuldigen."

114

„So?", rief die kleine Hexe. „Das glaube ich! Aber ich bin nicht so dumm, wie du meinst! Ich lasse mir keine Angst machen!"

„Wem nicht zu raten ist", sagte die Muhme Rumpumpel, „dem ist auch nicht zu helfen. Dann also bis übermorgen!"

Der Rabe Abraxas hätte die kleine Hexe am liebsten auch diesmal begleitet. Aber er hatte im Hexenrat nichts verloren. Er musste zu Hause bleiben und wünschte der kleinen Hexe, als sie sich auf den Weg machte, alles Gute.

„Lass dich nicht einschüchtern!", rief er beim Abschied. „Du bist eine gute Hexe geworden und das ist die Hauptsache!"

Schlag zwölf kam die kleine Hexe am Kreuzweg hinter dem roten Stein in der Heide an. Der Hexenrat war schon versammelt. Außer der Oberhexe gehörten dazu eine Wind-, eine Wald-, eine Nebelhexe und auch von den anderen Hexenarten je eine. Die Wetterhexen hatten die Muhme Rumpumpel geschickt. Das konnte der kleinen Hexe nur recht sein. Sie war sich ihrer Sache sicher und dachte sich: Die wird platzen vor Ärger, wenn ich die Prüfung bestehe und morgen mit auf den Blocksberg darf!

„Fangen wir an!", rief die Oberhexe, „und prüfen wir, was die kleine Hexe gelernt hat!"

Nun stellten die Hexen der Reihe nach ihre Aufgaben: Wind machen, donnern lassen, den roten Stein in der Heide weghexen, Hagel und Regen heraufbeschwören – es waren keine besonders schwierigen Dinge. Die kleine Hexe geriet nicht ein einziges Mal in Verlegenheit. Auch als die Muhme Rumpumpel von ihr verlangte: „Hexe das, was auf Seite dreihundertvierundzwanzig im Hexenbuch steht!", war die kleine Hexe sofort im Bild. Sie kannte das Hexenbuch in- und auswendig.

„Bitte sehr!", sagte sie ruhig und hexte das, was auf Seite dreihundertvierundzwanzig im Hexenbuch steht: ein Gewitter mit Kugelblitz.

„Das genügt!", rief die Oberhexe. „Du hast uns gezeigt, dass du hexen kannst. Ich erlaube dir also, obwohl du noch reichlich jung bist, in Zukunft auf der Walpurgisnacht mitzutanzen. – Oder ist jemand im Hexenrat anderer Meinung?"

Die Hexen stimmten ihr zu. Nur die Muhme Rumpumpel entgegnete: „Ich!"

„Was hast du dagegen einzuwenden?", fragte die Oberhexe. „Bist du mit ihrer Hexenkunst etwa unzufrieden?"

„Das nicht", versetzte die Muhme Rumpumpel. „Sie ist aber trotzdem, wie ich beweisen kann, eine schlechte Hexe!" Sie kramte aus ihrer Schürzen-

116

tasche ein Heft hervor. „Ich habe sie während des ganzen Jahres heimlich beobachtet. Was sie getrieben hat, habe ich aufgeschrieben. Ich werde es vorlesen."

„Lies es nur ruhig vor!", rief die kleine Hexe. „Wenn es nicht lauter Lügen sind, habe ich nichts zu befürchten!"

„Das wird sich herausstellen!", sagte die Muhme Rumpumpel. Dann las sie dem Hexenrat vor, was die kleine Hexe im Lauf dieses Jahres getan hatte: Wie sie den Holzsammlerinnen geholfen und wie sie den bösen Förster kuriert hatte; die Geschichten vom Blumenmädchen, vom Bierkutscher und vom Maronimann brachte sie auch vor; vom Ochsen Korbinian, dem die kleine Hexe das Leben gerettet hatte, vom Schneemann und von den Eierdieben erzählte sie gleichfalls.

„Vergiss nicht den Schindelmacher!", sagte die kleine Hexe. „Den habe ich auch zur Vernunft gebracht!"

Sie hatte erwartet, dass sich die Muhme Rumpumpel nach besten Kräften bemühen würde, sie schlechtzumachen. Stattdessen las sie aus ihrem Merkheft nur Gutes vor.

„Stimmt das auch?", fragte die Oberhexe nach jeder Geschichte.

„Jawohl!", rief die kleine Hexe, „es stimmt!" – und war stolz darauf.

In ihrer Freude entging es ihr ganz und gar, dass die Oberhexe von Mal zu Mal strenger fragte. Sie merkte auch nicht, dass die übrigen Hexen bedenklich und immer bedenklicher mit den Köpfen wackelten.

Wie erschrak sie daher, als plötzlich die Oberhexe entrüstet ausrief: „Und so etwas hätte ich morgen Nacht um ein Haar auf den Blocksberg gelassen! Pfui Rattendreck, welch eine schlechte Hexe!"

„Wieso denn?", fragte die kleine Hexe betroffen. „Ich habe doch immer nur Gutes gehext!"

„Das ist es ja!", fauchte die Oberhexe. „Nur Hexen, die immer und allezeit Böses hexen, sind gute Hexen! Du aber bist eine schlechte Hexe, weil du in einem fort Gutes gehext hast!"

„Und außerdem", klatschte die Muhme Rumpumpel, „außerdem hat sie auch einmal am Freitag gehext! Sie tat es zwar hinter verschlossenen Fensterläden, aber ich habe zum Schornstein hineingeschaut."

„Wie?!", schrie die Oberhexe, „das auch noch!"

Sie packte die kleine Hexe mit ihren Spinnenfingern und zauste sie an den Haaren. Da stürzten auch alle übrigen Hexen mit wildem Geheul auf das

arme Ding und verbläuten es mit den Besenstielen. Sie hätten die kleine Hexe wohl krumm und lahm geschlagen, wenn nicht die Oberhexe nach einer Weile gerufen hätte: „Genug jetzt! Ich weiß eine bessere Strafe für sie!"

Hämisch befahl sie der kleinen Hexe: „Du wirst auf dem Blocksberg das Holz für das Hexenfeuer zusammentragen. Du ganz allein! Bis morgen um Mitternacht musst du den Scheiterhaufen errichtet haben. Wir werden dich dann in der Nähe an einen Baum binden, wo du die ganze Nacht stehen und zuschauen sollst, wie wir anderen tanzen!"

„Und wenn wir die ersten paar Runden getanzt haben", hetzte die Muhme Rumpumpel, „dann gehen wir hin zu der kleinen Kröte und rupfen ihr einzeln die Haare vom Kopf! Das wird lustig! Das gibt einen Spaß für uns! An diese Walpurgisnacht wird sie noch lange denken!"

Wer zuletzt lacht ...

„Ich Unglücksrabe!", stöhnte der brave Abraxas, als ihm die kleine Hexe erzählt hatte, wie es ihr auf dem Kreuzweg hinter dem roten Stein in der Heide ergangen war. „Ich bin schuld daran! Ich – und sonst keiner! Nur ich habe dir geraten, immerfort Gutes zu hexen! Ach, wenn ich dir wenigstens helfen könnte!"

„Das muss ich wohl selber tun", sagte die kleine Hexe. „Ich weiß noch nicht, wie ... Aber dass ich mich nicht an den Baum binden lasse, das weiß ich!"

Sie lief in die Stube und holte das Hexenbuch aus dem Tischkasten. Eifrig begann sie darin zu blättern.

„Nimmst du mich mit?", bat Abraxas.

„Wohin?"

„Auf den Blocksberg! Ich möchte dich heute Nacht nicht allein lassen."

„Abgemacht", sagte die kleine Hexe. „Ich nehme dich mit. Aber nur unter einer Bedingung: Du musst jetzt den Schnabel halten und darfst mich nicht stören!"

Abraxas verstummte. Die kleine Hexe vertiefte sich in das Hexenbuch. Von Zeit zu Zeit brummte sie etwas. Der Rabe verstand es nicht, aber er hütete sich, sie zu fragen.

Das ging bis zum Abend so fort. Dann erhob sich die kleine Hexe und sagte: „Jetzt hab ich's! – Reiten wir nun auf den Blocksberg!"

Noch war auf dem Blocksberg nichts von den anderen Hexen zu sehen. Die mussten die Mitternachtsstunde abwarten, ehe sie auf die Besen steigen und herreiten durften. So schrieb es der Hexenbrauch für die Walpurgisnacht vor.

Die kleine Hexe setzte sich auf den Gipfel des Berges und streckte die Beine aus.

„Willst du nicht anfangen?", fragte Abraxas.

„Anfangen?", meinte die kleine Hexe. „Womit?"

„Mit dem Holzsammeln! – Sollst du denn nicht
einen Scheiterhaufen zusammentragen?"

„Hat Zeit!", rief die kleine Hexe und grinste.

Abraxas entgegnete: „Aber es ist doch schon eine Stunde vor Mitternacht! Eben hat es im Tal unten elf geschlagen!"

„Es wird auch halb zwölf schlagen", sagte die kleine Hexe. „Verlass dich darauf, dass der Holzhaufen rechtzeitig fertig wird."

„Hoffen wir's!", krächzte Abraxas. Die kleine Hexe mit ihrer Ruhe wurde ihm langsam unheimlich. Wenn das nur gut ging!

Im Tal unten schlug es halb zwölf.

„Beeil dich!", drängte Abraxas. „Nur eine halbe Stunde noch!"

„Mir genügt eine Viertelstunde", antwortete die kleine Hexe.

Als es drei viertel schlug, war sie mit einem Satz auf den Beinen.

„Jetzt geht es ans Holzsammeln!", rief sie und sprach einen Hexenspruch.

Da kam es von allen Seiten herbeigeflattert. Es krachte und knallte und klapperte. Holterdiepolter!, fiel es herunter und türmte sich übereinander auf einen Haufen.

„Oho!", rief Abraxas. „Was sehe ich? Sind das nicht Besen?"

„Jawohl, es sind Besen – die Hexenbesen der großen Hexen! Ich habe sie allesamt auf den Blocksberg gehext. Und dieser, der Lange da, ist der Besen der Oberhexe."

„Was – bedeutet das?", fragte der Rabe Abraxas erschrocken.

„Ich werde sie anzünden", sagte die kleine Hexe. „Was meinst du wohl, wie sie brennen werden! Jetzt brauche ich aber auch noch Papier dazu."

Sie sprach einen zweiten Spruch.

Nun erhob sich ein Rauschen und Brausen am Himmel. Wie Scharen von riesigen Fledermäusen schwebte es flügelschlagend über die Wälder heran, auf den Gipfel zu.

„Immer herbei!", rief die kleine Hexe, „und husch!, auf den Besenhaufen!"

Es waren die Hexenbücher der großen Hexen. Die kleine Hexe hatte sie herbefohlen.

„Was tust du nur!", kreischte Abraxas. „Die großen Hexen werden dich umbringen!"

„Kaum!", rief die kleine Hexe und sagte den dritten Spruch.

Dieser dritte Spruch war der beste. Sie hexte damit den großen Hexen das Hexen ab. Nun konnte nicht eine von ihnen mehr hexen! Und da sie auch keine Hexenbücher mehr hatten, so waren sie außerstande, es jemals wieder zu lernen.

Im Tal schlug es Mitternacht.

„So", rief die kleine Hexe zufrieden, „jetzt wollen wir anfangen! Heia, Walpurgisnacht!"

Mit dem Feuerzeug, das sie beim Billigen Jakob gekauft hatte, steckte sie Besen und Hexenbücher in Brand.

Es wurde ein Hexenfeuer, wie es nicht schöner sein konnte. Prasselnd und knatternd schlugen die Flammen zum Himmel.

Bis in die Morgenstunden umtanzte die kleine Hexe, allein mit dem Raben Abraxas, den lodernden Scheiterhaufen. Nun war sie die einzige Hexe auf Erden, die hexen konnte. Gestern noch hatten die großen Hexen sie ausgelacht, jetzt war sie an der Reihe.

„Walpurgisnacht!", jauchzte die kleine Hexe über den Blocksberg hin.

„Heia, Walpurgisnacht!"

Inhaltsverzeichnis: